KB140170

明堂 陰宅風水論

명당 음택풍수론

명당 음택풍수론

明堂 陰宅風水論

효제 지음

한국학술정보

지난 10여 년간 추운 날 더운 날 가리지 않고 사명감과 호기심만으로 전국의 산을 뒤졌던 일이 생각납니다. 호기심은 의문을 낳고 새로운 용기와 도전이 베일에 싸였던 것들을 하나씩 드러나게 하였습니다. 항상 고맙게 생각하는 조승래, 이정자, 박재현, 한말상, 최춘기, 최규석, 심봉섭, 남오우, 한태락, 이동걸, 강상구, 박기환, 박유교, 서해경, 권영대, 박인호, 정영목, 박성혜, 정주식, 배영동, 손용원, 최삼종, 김헌수, 박채양, 최주대 님들의 희생이 밑거름되어 지금의 금서가 세상에 나오게 되었습니다. 도선 국사나 무학 대사는 잊고, 금낭경이나 청오경은 참고로만 하라고 하면서도 정작 한 번도 읽어보지 않은 무례함을 이제는 용서하시고. 개척하는 것이 아니고, 주어진 것에서 선택하는 것이 아니며, 있는 그대로 있는 것임을 받아들이고, 그저 존재하였고 존재하며 존재할 것이라는 새로운 깨달음에 이르기까지 많은 시간과 노력이 필요했던 것은 원래의 우둔함과 교만함에서 비롯되었기에 이러한 모든 것들에 거듭 감사하면서, 말없이 동행해준 모든 이들에게 용서를 구합니다. 원래 아는 것이 없고, 알아낸 것도 없으며, 알려드릴 것도 없는 것이라는 평범한 사실을 깨닫게 된 것이 그동안 10여 년에 대한 보상이라는 것에 한없이 감사한 마음만 가집니다. 특별히 감사하게 생각하는 동행들인 최주대 박사, 조승래 박사, 최춘기 박사들이 긴 잠에서 깨어나 나름대로의 꿈 이야기를 할 날이 기다려집니다.

이 책은 읽기 쉽게 쓴 책입니다. 이해는 쉽지 않습니다. 내 것으로 만드는 데는 시간과 노력이 필요합니다. 그러면 새로운 메시지가 독자들의 머릿속에 도착할 것입니다. 마치 내가 모르는 사이에 전해진 e-mail처럼. 그날이 오면.

2017년 10월
효제

| 일러두기 |

1. 이 책에 등장하는 조조, 유비, 손권은 10년 남짓 동행탐사를 해온 3명의 인물을 가상으로 그렸으며, 책과 논문 저자명은 본명을 그대로 사용했다.

2. 책이나 논문명은 이 책의 맨 마지막 [참고문헌]으로 확인하도록 했으며, 책 속에서는 저자명만을 그대로 표기해두기도 했다.

3. 인용문이나 인용구, 강조 단어, 논문명은 모두 '   '로 처리하고, 책과 신문, 잡지명은 <   >로 사용했다. 나머지는 표기법을 따랐다.

4. 이 책에 등장한 가문과 인물은 실명 혹은 직함을 사용하고, 직함 사용 시 전직(前職) 혹은 현직(現職)명 따로 구분하지 않고 사용했다.

5. 이 책에 나오는 모든 가계도는 족보와 고증된 자료에 의한 것이며, 사진은 직접 촬영하거나 촬영이 불가능한 지형은 '구글'을 이용했다.

6. 이 책에 나오는 모든 통계자료와 전자탐사 측정자료는 해당 관련자의 정당한 절차에 의해 공개가 가능하다.

목차

제1장
과학적 묘지탐사

위오촉 삼국시대는 중원을 비롯한 중국 대륙의 절반이 혼란한 시대였다. 후한의 왕실을 업고 자연스레 승계된 조조의 위나라, 나름대로 치밀하게 백성들의 마음을 한데 몰아 풍부한 물량으로 비옥한 장강유역을 장악한 손권의 오나라, 한의 종실이라 우기며 뛰어난 책사와 장군을 휘하에 두고 서쪽 산악의 척박한 땅에서 겨우 명맥을 유지한 유비의 촉나라.

이들 삼국은 나름대로 세력균형을 이루고 있었다. 하지만 결국 위나라 중심으로 통일되었다. 혹자는 유비 중심의 기술인 <삼국지연의>에 혹하여 촉한을 두둔하기도 한다. 하지만 모든 무리가 따르는 데는 그만한 까닭이 있다. 지도자의 능력과 인품이 뒷받침되지 않으면 대업을 이룰 수 없듯이 조조가 중원을 장악한데는 그만한 총기와 인품과 리더십이 있었다.

여기 풍수계를 이끌 인물로 조조를, 풍수전통에 사로잡힌 고집 센 인물로 유비를, 명석하고 부지런하며 통찰력 있는 인물로 손권을 등장시켰다. 그간 전국 2만여 터를 찾아 발로 뛰고, 그 흔적을 연구해온 동행인들을 조조와 유비, 손권이라는 역사적 인물로 대신해 쉽게 풀어쓰고자 했다.

1. 조조, 유비, 손권 - 그 10년의 동행

조조의 묘소 탐사기행은 유비와 손권의 권고와 유혹에서 비롯되었는데, 탐방 묘소의 선정은 유비가 맡고, 정보 수집 능력이 탁월한 손권이 전국 방방곡곡의 묘소를 안내했다.

첫 행선지는 경상북도 영천시(市)에 있는 어느 묘소였다. 토요일 하루를 완전히 투자한 이 묘소 탐방은 조조의 머릿속을 송두리째 흔들어놓았다. 말도 안 되는 말들의 성찬, 의뢰인이나 유비나 손권 모두 제정신이 아니었다. 유비와 손권은 이런 탐사기행을 틈타서 조조가 머릿속에 그리는 기본 전략을 확실하게 알아볼 생각이었다. 의뢰인의 부친은 군(軍) 장성 출신이었고, 삼촌은 대기업의 사장 출신이었다. 의뢰인과 그 사촌들은 40세까지는 부모의 후광까지 더해져 승승장구했다. 그런데 최근에는 어디다 명함도 내보이기 어렵게 됐다는 하소연을 줄기차게 늘어놓았다. 어떻게 급작스레 한 가문이 몰락하게 됐는지 도대체 이해하기 어려웠다. 며칠이 지나자 유비가 조조의 연구실로 찾아와서 지금까지의 경험에 대해서 그 느낌을 물었다. 묘소를 본 것과 평가 및 실제로 일어난 현상 간의 상호관계에 대해서…….

"뭐가 뭔지 전혀 모르겠고 머리만 혼란스럽게 하는데…… 상관성에 대해서는 확신이 서질 않아요. 한 가문의 흥망성쇠가 너무 극과 극이라 믿기 어렵구만."

조조의 얼굴에 드리운 난색의 그림자를 본 유비는 불안한 표정이었다. 얼마의 시간이 흘렀을까. 유비가 다시 입을 열었다.

"아직 믿을 만한 것이 없다면, 여포의 양부이신 동탁의 선조묘소들로부터 동탁 집안의 길흉화복을 읽어 보시겠습니까."

"그래요? 소제를 내몰고 진유왕을 헌제로 앉혀서 상국이 된 동탁보다는 <사기>를 집필하여 자신의 남성을 제거한 한의 무제에게 통쾌한 복수를 한 사마천의 후손에게 한번 부탁해 보시지 않고요."

암튼 내키지 않았지만 약속을 하고 2주일이 지났다. 사마씨의 허락을 얻어 조조와 그 일행은 의성에 있는 사마 가문의 선산으로 향했다. 묘소에 대한 평가는 전적으로 유비의 몫이었다. 이번에도 그의 묘소에 대한 해설이 뜬구름 잡는 소리 같으면 둘을 아예 내칠 요량으로 유비에게 조심스럽게 말을 건넸다.

"묘소에 대해 평가할 때 길흉화복을 너무 강하게 표현하지 말고 부드럽게 설명하세요."

"유비의 묘소 평가를 너무 진지하게 받아들이지는 말아주십시오. 전통풍수에서 이렇게 보는 계파도 있다는 정도로만 기억하시면 좋겠습니다."

조조 일행은 사마천의 증조부모 묘소를 먼저 찾아갔다. 높지 않은 산의 능선에 증조모, 조부모 묘소가 차례로 위치하고, 그 옆에 부모 묘소가 있었다. 증조부 묘소는 다른 능선에 있었다. 유비는 명당에 위치한 사마천의 증조모 묘소부터 길흉화복을 설명했다.

여러 가지 좋은 결과들이 증손자인 사마천의 형제들에게서 나타날 것이라는 설명에 사마씨도 만족해하는 표정을 지었다. 특히 자녀에 관한 좋은 이야기에는 신이 나서 조조의 당부를 잊은 채 유비의 설명에 덧붙이기 시작했다. 그렇지만 나머지 묘소들은 모두 좋지 않은 곳에 해당하여 듣기 거북한 설명들이 계속 쏟아져 나왔다.

"나쁜 묘소에 대해서는 한 가지만 가볍게 이야기하세요."

조조는 강한 힘이 실린 나지막한 목소리로 경고했다. 그럼에도 유비는 사마천이 남성성을 잃는 궁형과 같은 어려운 환경에 처해 있을 것이며, 그가 죽고 난 후에 빛을 볼 것이라는 낯 뜨거운 이야기를 주절거렸다. 사마씨는 심기가 불편한지 갑자기 화를 버럭 내었다.

"그렇게 나쁜 일들이 모두 이 묘소 때문이란 거요?"

조조가 간신히 사마씨를 진정시키자 잠시 후 그의 가쁜 호흡이 정상으로 돌아왔다.

"이제 그만할까요?"

"아직 조모님 묘소를 못 봤으니 마저 끝내지요."

그의 조부모 묘소는 5분 정도 걸리는 마을 뒷산 언저리에 있었다. 조조가 생각해도 나쁜 묘소에 해당했다. 다른 평가는 뒤로 미루기로 하고 조조는 이미 알고 있는 사실로 미루어 간단하게, 그리고 가볍게 한마디 코멘트했다.

"사마 선생, 이 묘소에서 자손들이 어려움으로 힘든 경우가 발생하는데 아마도 아우님께서 특히 살림이 궁핍해지고, 자손을 많이 두지 못하는 모양인데요. 이 묘소가 원인을 제공한다고 볼 수 있겠습니다. 좋은 장소로 정리할 필요가 있을 것 같습니다."

이렇게 조조의 묘소탐사는 시작되었다.

그리고 15년 남짓 흐른 후에 조조는 유비의 촉나라와 손권의 오나라를 모두 쳐서 중원을 통일하는 대업을 완수했다.

2. 유비, 손권, 조조의 운명

조조는 유비와 손권의 이론과 실제를 조사하고 분석하여 이들에게 궁금한 것들을 물어보았다. 중원을 통일하기 위해서는 한 왕조를 잇는 정통성만을 강조해도 안 되며, 풍부한 물자로 백성들을 배부르게만 한다고 되는 것도 아니었다. 정통성이 있어도 먹고살기가 힘들면 백성들이 따를 수 없고, 배고픔을 탈출하면 그다음엔 문화적인 욕구 때문에 논리적으로 이해를 시키지 않으면 안 되었다. 이들 두 나라가 망한 이유는 바로 이런 백성들의 욕구를 충족시키지 못한 데서 시작되었다.

✳ 조조의 의문 ✳

(1) 명당의 정의는?

(2) 명당이란 있는가?

(3) 무엇인가?

(4) 어떤 결과로 나타나는가?

(5) 흉당의 정의는? 어떻게 나타나는가?

(6) 누구에게 나타나는가?

(7) 정말로 나타나는가?

(8) 이로부터 가문의 흥망성쇠를 예견할 수 있는가?

(9) 단군 이래로 대한민국이 가장 흥한 현 시점을 이것으로 설명이 가능한가?

(10) 화장(火葬)을 한 일본의 경우도 설명이 가능한가?

(11) 들판에 평장(平葬)을 하는 미국, 유럽의 경우도 설명할 수 있나?

(12) 시신을 새나 동물의 먹이로 제공하는 히말라야나 절벽의 동굴에 시신을 두고 가는 나라, 또 그 나라 숫자보다 많은 다양

한 민족에게도 이런 것이 적용되나?

(13) 명당 주위에 있는 모든 산의 숫자대로 후손이 태어나는가?

(14) 흉당 주위의 산은 무슨 의미인가?

(15) 이런 질문에 대한 과학적인 근거는 있는가?

조조의 의문에 대하여 유비와 손권은 명쾌하게 대답할 수 있는 것이 하나도 없었다. 그들은 오로지 그들이 알고 있는 사술로만 설명하고자 했기에 이런 궁금증에 대한 답을 제시하지 못했다. 삼국을 통일한 후에 조조는 무리하게 백성들을 다스렸고, 결국에는 조조의 부하 사마의의 손자인 사마염에 의해 망하여 진으로 국운을 달리했다. 사마염의 진은 묘지풍수를 차례로 정리하여 모든 사람들이 사술에 빠지지 않는, 혹세무민하지 않는 체계를 굳건하게 뿌리를 내렸다.

여기에 그 이론들을 차례로 정리하고자 한다.

제2장
풀어쓰는 과학 – 음택풍수

조조는 명당이라는 말 자체를 못마땅하게 여겼다. 이 세상에 특별히 좋은 땅이 어디 있는가? 강가에 배를 대기 좋은 곳이면 나루터 명당, 바닷가의 작은 만(灣)은 어항 명당, 넓은 대양의 길목에는 무역항 명당, 잔잔한 바다는 그것대로 활용하기 좋은 명당, 바람이 세고 큰 파도가 몰아치는 바닷가 해안은 때론 죽음의 바다일 테지만 서핑과 같은 해양스포츠의 명당……!

각각 제 용도에 맞게 이용하면 명당이 아니겠는가. 다르게 쓰면 좋지 못해도 자연이 허락한 현상과 현실에 맞게 쓰면 더할 나위 없이 좋을 뿐이다. 모든 것들, 그것들에 좋은 명당이 어디 따로 있고, 없는가.

묘지에 좋은 명당이 있을까? 무슨 귀신 홀리는 이야기도 아니고. 그래도 도전해서 알아볼 필요는 있겠다. 모두가 죽으면 반드시 가야 하는 곳. 땅 속, 납골당, 나무 아래, 바위틈과 그 속, 동굴과 들판……. 각 나라마다, 그 나라의 숫자보다 더 많은 민족마다 관습에 따라 마지막을 보내는 곳, 그곳에도 명당이 있을까?

묘지 명당은 무엇이며, 명당에서는 무슨 일이 벌어지고 있나? 대한민국 재벌과 권력의 부귀손(富貴孫) 발복(發福)을 설명하기 전에 15년 남짓 발로 뛰고 머리로 연구해온 과학적 팩트를 학문적 동행인들과 함께 풀어보고자 한다. 조금은 지루할 수 있다.

1. 명당의 정의

음택 명당, 즉 명당 묘소는 무엇을 말하는가? 명당이라는 말이 아무렇게 쓰이다 보니 많은 사람들은 명당을 그저 좋은 곳으로만 이해하고 있다. 그래서 복권 명당, 로또 명당, 낚시 명당, 명당 집, 명당 자리 등등. 제각기 다른 의미로, 그 의미의 결과마저 별 생각 없이 받아들이고 있다. 명당이라는 단어를 아무렇게나 써도 문제가 없는 하찮은 것인가?

조조는 유비를 불렀다.
"유 선생. 내 그대에게 물어보고 싶은 게 있소."
"하문하시지요."
"당신이 말하는 묘소의 명당은 무엇이오?"
"후손에게 장차 좋은 일이 많이 생기게 되는 묏자리이지요."
"확실하오?"
"장담하지요."
"그러면 장차 좋은 일이란 게 뭣이오?"
"예로부터 부귀손(富貴孫)이라고 해서 부자가 되거나, 귀한 사람이 되거나, 많은 자손을 두는 것을 말하지요."
"그러면 부귀손의 좋은 일이 누구에게 생기는 것이오?"
"명당 묏자리에 계시는 분의 아들, 손자, 증손, 현손들이 그렇게 된다는 것입니다."

"구체적으로 누군가요?"

"그건 알 수 없지요?"

"이런……! 누군지도 모르고 대충 1~4대 중에서 어떤 사람이라고 말하오?"

"예. 속발복지는 묘를 쓰고 돌아서면서 발복한다고 하고, 늦게 발복하는 곳은 4대 손자에 가서 발복하는 경우도 있다고 합니다."

"누가 그래요? 하남 선생이……?"

"예."

"하남 선생은 남오우 박사의 논문도 못 봤군. 그러니 유 선생은 뭐 하나 제대로 명확하게 하는 것이 없어요. 좀 제대로 알고 나서 남들을 깨우치시길 바라오. 어떤 백성이 명확하지도 않은 것에 목을 매겠소."

"통계적으로 확인되었다고 하던데……."

"여기가 바로 명당이다! 말하는 사람이 생전에 그 결과를 확인할 수 없으니 적당히 거짓말을 해도 괜찮다고 생각하는 유 선생의 자세에 문제가 있소. 대충 얼버무리니까 풍수가 혹세무민하는 학문이라고 손가락질을 받게 된다 이 말이오."

조조의 말에 유비는 화가 치밀어 올라 되물었다.

"조 승상은 뭘 확실하게 제시할 수 있는 뾰족한 근거라도 가지고 있습니까?"

"당연히 있지요. 2011년도에 남오우 박사가 발표한 논문을 보시오. 더 명확한 걸 알려면 2013년도에 발표된 손용원 박사와 한태락 박사의 논문을 읽어보시오. 나는 오래전에 읽었는데 그 논문에 내가 유 선생에게 질문한 것에 대한 답이 명쾌하게 정리돼 있었소."

　그때서야 유비는 기기 죽어 조심스럽게 되물었다.

　"몇 대에서 좋은 일이 발생하나요?"

　"모든 좋은 일은 3대 후손인 증손자대에서 집중적으로 발생한다고 하였소."

　"정말입니까?"

　"물론이오. 이들은 명당 묘소를 명쾌하게 정의했는데, 후손 발복이 증손자대에 집중한다는 것을 통계적으로 조사해서 분석했다고 하더이다."

　"통계적……? 그들이 주장한 것이 틀릴 확률도 있나요?"

　"물론 있죠. 이들은 틀릴 확률을 5% 이내로 하여 분석했다는데, 틀릴 확률을 제1종 오차라고 하던가. 암튼 100명 중에서 틀리는 경우가 5명 이내라니 대단한 정확도 아니오."

　"정말인가요? 믿어지지 않네요."

　"통계학적으로 분석했다 하오. 무슨 SPSS라는 프로그램을 사용해서 컴퓨터로 분석했다고 하더군요."

　"우와, 대단하군요."

　"그렇죠. 통계적으로 분석한 결과…… 적어도 그렇게 해야 과학적이라고 말할 수 있지 않겠소. 앞으로 유 선생은 통계분석 결과라는 말은 하지 마시오."

　"예. 잘 알겠습니다."

　"유 선생은 앞으로 통계분석 결과라고 하지 말고, 관찰했더니 이렇게 되더라, 틀릴 확률은 모르겠다, 이렇게 말하시오. 초등학생들이 작성하는 보고서처럼. 설사 오차가 5% 이내일지라도 누가 유 선생이 말하는 것을 믿겠소."

"조심, 조심하겠습니다."

2. 손(孫)의 발복

명당 발복의 핵심이라 할 수 있는 부귀손(富貴孫)에 대한 객관적인 기준에 대한 의견은 어떠한가?

조조는 손권을 집으로 초청하여 풍수에 대한 그의 고견을 듣기로 했다.

"손 선생, 이기 풍수에서도 부귀손의 명당 발현을 받아들이는 가요?"

"물론입니다. 명당 발현이 없으면 누가 명당을 찾겠습니까?"

"좋소. 자손이 많다는 손(孫)의 경우에 몇 대손이 많다는 뜻이오?"

"2대에서 5대까지의 후손이 많다는 뜻입니다."

"많다, 적다라는 표현은 어떤 기준을 정해두고 있소? 나는 보다 많은 경우, 혹은 적은 경우로 평가하는데 손 선생의 입장에서는 그 기준이 어떻소?"

"그냥 보통보다 많은 경우와 적은 경우로 나눕니다."

"그러면 보통은 평균을 말하는 것 같은데 손 선생의 평균은 얼마를 가리키오?"

"평균은 조사하지 않아서 정확한 수치로 나타내지 못합니다."

"유 선생의 경우와 다를 바 없군요. 이렇게 불명확해서 어떻게 모든 백성들을 깨우치나……."

"무슨 묘안이라도 있습니까?"

"손자가 50명인 가문은 20명인 가문에 비해 다자손인 가문이고, 손자가 10명인 경우는 소자손인 가문, 이런 식으로 나타내면 되지 않겠소? 2006년도에 발표된 최주대 박사의 논문을 꼭 읽어보세요. 그 논문에는 다자손에 대한 기준이 명확하게 나와 있어요."

"지금 말씀해주실 수 없을까요?"

"물론 있지요. 너무 간단해서 탈이지만요. 가령 3대손자의 수를 2대손자의 수로 나누면 2~3대 후손 증가율이 되죠. 이런 방법으로 1~2대, 2~3대, 3~4대, 4~5대 증가율로서 후손 증가율을 나타낼 수 있지요. 그들이 몇 백 가문을 대상으로 조사해본 결과 증가율의 평균은 대체로 1.4~1.7배로 나타났고, 이보다 큰 경우는 후손 증가율이 높은 경우이고, 이보다 작은 경우는 후손 증가율이 낮은 경우였지요."

"그러면 명당 발복의 부귀손 중에서 손(孫)은 어떤 결과를 말하나요?"

"그들의 결과에 의하면 명당 묘소의 손에 대한 발복은 3~4대 증가율이 2배 이상으로 매우 높은 후손 증가를 의미해요. 결국 4대 후손 수가 많아진다는 것을 말하는 거요."

"손의 발복이 나타나는 묘소의 4대 후손은 정말로 엄청나겠네요?"

"어떤 경주 최씨 가문에서는 4대 손자의 수가 무려 200여 명인 경우도 있었고, 어떤 가문에서는 20명 남짓한 4대 후손인데도 손의 발복이라고 평가된 경우도 있었지요. 그 이유는 묘소에 누워 있는 망자의 아들 수 때문이었다오."

"무슨 뜻인가요?"

"예를 들어 후손 증가율이 2.0배일 때 아들이 1명인 경우에는 아들 1명에서 2명-4명-8명으로 4대 손자의 수는 8명이 되고, 아들이 5명이라면 5명-10명-20명-40명으로 40명의 4대 손자를 두게 되죠."

"차이가 심하네요. 8명과 40명……."

"만약 후손 증가율이 4.0배라면 아들이 5명인 경우에 5명-20명-80명-320명으로 엄청난 4대 후손을 두는 결과를 낳죠. 엄청난 규모라 할 수 있다네."

"이제 후손 수를 많이 두는 손에 대해 명쾌하게 이해됩니다."

"적은 후손을 두는 경우는 어떻게 되겠소?"

"후손 증가율이 1명이라면 아들이 1명인 경우에는 1명-1명-1명-1명으로 4대 후손은 1명이고, 아들이 5명인 경우에는 5명-5명-5명-5명으로 4대 후손 수가 5명이네요."

"손 선생은 머리가 명석하니 계산도 빠르군요."

"과찬이십니다."

"4대의 총 후손 수가 320명인 경우에 이들의 부친의 수는 80명으로 대단히 많아요."

"3대 후손도 만만치 않네요."

"여기서 320명은 총 4대 후손 수인데, 80명의 아버지들이 모두 4명씩 자식을 두었다는 것이 아니고, 어떤 아버지는 8명, 7명, 또는 4명…… 어떤 아버지들은 평균보다 적은 2명, 1명, 심지어는 아들이 없는 경우도 있겠지요."

"그럴 수도 있겠습니다."

✿ 대수별 평균 후손 증가율, 절자율, 출산율 ✿

"후손 수 발복을 확인할 때는 대수별 평균치의 변화가 중요합니까?"

"그렇지요."

"손의 발복이 아닐 때도 아들의 수가 형제간에 차이가 많이 나는데요?"

"네. 제 이웃에도 그런 경우가 있습니다. 5형제인 집안인데, 형제들이 3명, 2명, 3명, 4명, 5명의 아들을 각각 두었습니다."

"그때에 막내 동생이 손의 발복을 했다고 합니까?"

"그때는 막내가 아들을 많이 두었다고 하지요."

"그러면 어떤 경우에 손의 발복이라고 합니까?"

"항상 후손의 대수별 평균값 변화를 확인합니다."

"손용원 박사가 조사한 결과를 한번 확인해봅시다."

"<표 1>과 <표 2>에서 좋은 묘소와 좋지 않은 묘소는 명당, 비명당이라는 뜻입니까?"

"그런 셈이지요."

"명당은 어떻게 확인한 것이지요?"

"나중에 자세하게 설명합시다."

"명당 여부는 전자장비로 확인한 것이라오."

"10개의 명당 묘소에서 1-2-3-4대로 내려갈 때 3-4대 증가율이 10가문 평균 2.4배로 가장 높군요."

"그렇지요. 1대, 2대에서는 별로 변화가 없다가 3대에서 가장 높고."

"4대에서는 약간 줄어들었다가 5대에서는 많이 낮은데요."

"<표 2>를 봅시다. 좋지 않은 묘소인데."

<표 1> 후손 수가 번성한 묘소의 대수별 평균 증가율,
3대 평균 절자율 및 3대 평균 출산 수 변화

묘소	대수별 후손 수 증가율(배)					3대 절자율과 출산 수	
	1-2대	2-3대	3-4대	4-5대	5-6대	절자율(%)	출산 수(명)
1	1.2	1.3	2.4	2.7	1.4	0	2.4
2	1.0	1.0	2.5	1.4	1.1	0	2.5
3	2.3	1.6	2.3	2.0	1.6	9	2.5
4	2.0	2.3	2.4	1.8	1.9	27	3.3
5	2.0	2.0	2.5	1.5	1.4	0	2.5
6	3	2	2.3	1.5	1.5	0	2.3
7	1.5	2.0	2.8	2.4	1.5	0	2.8
8	1.7	2.1	2.3	1.7	1.8	0	2.3
9	3.0	2.3	2.7	2.2	1.6	0	2.7
10	2.0	1.5	2.2	1.5	1.4	0	2.2
평균	2.0	1.8	2.4	1.9	1.5	4	2.5

<표 2> 후손 수가 번성하지 않은 묘소의 대수별 평균 증가율,
3대 평균 절자율 및 3대 평균 출산 수 변화

묘소 번호	대수별 후손 수 증가율(배)					3대 절자율과 출산 수	
	1-2대	2-3대	3-4대	4-5대	5-6대	절자율(%)	출산 수(명)
1	3.0	1.8	1.4	1.2	1.1	20	1.7
2	3.0	2.7	1.1	1.6	1.4	30	1.5
3	1.0	4.0	1.1	1.8	2.1	30	1.5
4	1.6	1.1	1.0	0.7	0.3	30	1.5
5	0.7	2.0	1.0	1.5	1.8	30	1.3
6	3.5	1.3	0.9	1.4	1.5	30	1.3
7	1.7	2.6	0.8	1.4	1.0	50	1.8
8	1.0	1.0	0.8	0.7	1.5	30	1.0
9	2.0	2.0	1.3	0.4	0.9	0	1.3
10	3.0	1.3	1.0	1.5	1.3	50	2.0
11	3.0	1.7	1.2	1.0	1.4	0	1.2
12	2.0	2.0	1.3	1.4	1.0	0	1.3
13	2.0	1.3	1.4	1.0	1.5	30	2.0
14	1.5	1.3	0.8	1.0	0.9	25	1.0
평균	2.1	1.9	1.1	1.2	1.3	25	1.5

"1대와 2대에서는 평균에서 좋은 경우와 별로 차이가 없는데요."

"3-4대 증가율은 엄청나게 차이가 납니다. 명당은 2.4배인데 비명당은 1.1배입니다."

"3-4대 증가율은 증손자에서 고손자로 갈 때 2.4배라는 뜻인가요?"

"그렇지요. 만약 증손자가 10명이라면 모두가 2.4명의 아들을 두었으니, 평균해서 2명이나 3명의 아들을 두었다는 뜻이 됩니다."

"1.1배는 평균 한 명이니까 후손이 늘지 않았다는 의미이군요."

"2.4배와 1.1배는 겨우 1.3의 차이지만, 후손 수로는 엄청난 차이를 의미합니다. 10명의 증손자가 있다면, 명당의 증손자는 24명의 현손을, 비명당의 후손은 11명의 현손을 두었다는 의미입니다."

"이 수치는 모두 남자 후손만을 의미하니까 자녀를 고려하면 48명의 현손자녀와 22명의 현손자녀라고 이야기할 수 있습니다. 엄청난 차이입니다."

"흥미로운 것은 4대와 5대에서도 명당과 비명당 간에는 차이가 약간 있습니다."

"여기서 아들이 없는 아버지의 비율을 절자율(絶子率)이라 하는데, 평균 후손 증가율이 높기 위해서는 아들을 많이 낳고(출산 수), 아들을 두지 못하는 비율인 절자율이 낮아야 해요."

"정말로 그러네요. 손이 발복된 경우에는 모두 출산율이 높고 절자율이 낮았습니까?"

"대체로는 그랬는데, 그렇지 않은 경우도 있었어요."

"예외적인 경우가 있었다는 말씀인가요?"

"자식이 없는 사람의 비율인 절자율은 평균보다 대체로 낮았지만, 출산율이 높은 경우도 있고, 평균 수준인 경우도 있었지요."

"출산율보다 절자율이 더 큰 영향을 주었다는 것으로 이해됩니다."

"빙고."

"명당 묘소에서는 아들에서부터 후손 증가율이 계속 높았나요?"

"반드시 그렇지는 않고, 1~4대에 이르는 평균 후손 증가율이 모두 높은 경우가 있는가 하면 1~3대까지는 증가율이 높지 않다가 3~4대에서 갑자기 높아지는 경우가 있었죠."

"참 흥미롭습니다."

"예를 들어 명당 묘소의 1~3대까지는 외동아들로 내려오다가 증손자인 3대가 아들을 갑자기 4~6명을 두는 경우가 간혹 있었소."

"이 경우에 명당 묘소가 손의 발복이라는 것을 어떻게 확인하였을까요?"

"이들의 주장은 부귀손 중에서 부귀에서는 별다른 것을 확인할 수 없었는데, 손에서 갑작스런 변화가 있었다고 해요. 생물학적 결과하고도 일치하고……."

"이것도 승상의 의견에 따르면 불명확하다고 할 수 있습니까?"

"물론. 몇 개의 사례로 결론을 내리는 것은 쉽지 않고, 통계적으로 유의성을 가지는가를 확인해보고 결론을 내려야 해요."

"유의성이 확보되지 않으면 안 됩니까?"

"유의 확률의 문제인데, 5%로 분석한 경우에는 유의성이 없어도 20%로 분석하면 유의성을 가질 수 있는데, 아무래도 신뢰도가 떨어져 결론으로 채택하기가 쉽지 않겠지요."

"반드시 5%의 유의확률로 분석해야 하나요?"

"꼭 그렇지만 않고…… 그들은 5%의 확률로 분석했다는 거요."

변방 원정에서 돌아온 유비가 며칠을 쉰 후에 조 승상을 찾았다. 유비의 방문 목적을 간파한 조조는 갑작스레 유비에게 물었다.

"유 선생. 형제가 3명인 집에서 중간 아들만 자식을 3명 두었지만, 나머지 형과 동생은 아들이 전혀 없어 두 명의 자식을 형과 아우에게 양자로 보내었다고 하면, 중간 아들은 손의 발복이라 할 수 있겠소? 손의 발복이라면 이들의 증조부모 중에서 한 분은 명당 묘소에 계실까요?"

"중간 아들은 아들이 2명보다도 많은 3명이라서 명당의 발복에 해당하지 않겠습니까?"

"손의 발현은 3~4대의 후손 평균 증가율이 클 경우와 작을 경우로 나누어 평가한다고 했는데……?"

"항상 평균 증가율로 평가해야 합니까?"

"그렇죠. 후손 수의 변화에서는 평균의 변화가 중요하죠."

"명심하겠습니다."

후손이 많은 가문은 후손 증가율이 높은 가문일까?

조조는 당연한 질문에 대한 답을 찾기 시작했다.

이것을 알아보려고 손권을 찾았다.

"손 선생, 얼굴이 보고 싶어서 내가 왔소이다."

"저도 조 승상을 뵙고 싶었습니다."

"무슨 일로……?"

"일전에 승상을 뵙고 깨달은 바가 많았는데, 오늘도 한 가지 가르침을 받고 싶었습니다."

"내가 무슨 가르침을 줄 수 있다고. 그건 그렇고, 그래 무엇이 궁금하오?"

"제가 있는 곳의 이웃에 후손이 대단히 많은 집안이 있는데, 서로가 팔촌 간인 세 가문이 있습니다."

"그런데요?"

"한 집안은 큰 증조부 댁으로 그 6촌 형제 수가 모두 45명이고, 다음 집안은 중간 증조부 댁으로 68명, 다음 집안은 막내 증조부 댁으로 35명입니다."

"대단히 번성한 집안이군. 모두 148명이면 어마어마해요."

"그렇습니다. 그런데 중간 댁은 다른 댁의 거의 두 배나 되는 후손 수이지요."

"놀랍구만……."

"이런 경우에도 평균 후손 증가율을 따져서 이들의 고조부모 묘소를 확인해야 하나요?"

"물론이오. 최주대 박사를 비롯한 몇몇의 연구 결과에 의하면 당연히 그렇게 확인해야 해요. 이 정도로 후손이 번성하려면 평균 후손 증가율은 당연히 평균치에 비하여 훨씬 높을 것이오."

"이런 경우에 전체의 평균 증가율은 매우 높지만 각 가문별로는 서로 차이가 날 텐데요."

"당연하죠."

"증가율이 매우 높은 중간 댁을 제외하고 큰댁이나 막내댁은 평균 수준이거나 평균보다 낮은 증가율을 보일 수도 있겠네요?"

"물론 그런 경우도 있었죠."

"이렇게 전체의 평균 후손 증가율은 대단히 높지만, 세부 가문별로는 차이가 나는 경우가 있다는 말씀이지요?"

"척척박사로군."

"이런 경우에도 이들의 고조부모 묘소가 명당에 해당할까요?"

"이건 여러 가지를 고려해야 할 사항이오."

"왜요?"

"우선 명당인지는 고조부모의 묘소를 확인하면 알 것이고……."

"명당이겠지요?"

"명당일 확률이 매우 높지요."

"명당이 아닌 경우에도 이렇게 후손 증가율이 높고 후손이 많은 경우가 있었나요?"

"있었지요."

"정말입니까?"

"손 선생은 흥부놀부 이야기도 모르오?"

"당연히 알고 있습니다."

"형제 중에 어느 집에 자식들이 많아요?"

"흥부댁요."

"지구상의 모든 살아 있는 동식물은 후손 번성을 위해 생식활동을 하는데, 영양기관이 발달하면 생식기관이 퇴보하죠. 무슨 말인가 하면 대체로 부자 집에는 자녀를 별로 많이 두지 않는다네."

"죽기 직전의 소나무에 솔방울이 많이 달려 있는 것도 그러한 것이었군요."

"화초를 키울 때 아름답고 건강한 꽃을 보려면 영양을 충분히 주어 튼튼하게 키운 다음에 꽃을 볼 때가 다 되었을 때 영양이 매우 부실하도록 하면 화초가 갑자기 꽃망울을 맺고 예쁘고 건강한 꽃을 활짝 피우죠."

"사막에서 일주일 만에 식물이 싹을 틔우고 꽃을 피운 후, 열매를 맺어 씨를 퍼트리는 것과 같네요."

"이처럼 명당 발복이 아닐지라도 후손 수가 많은 경우가 있으니, 후손 번성에서는 엄밀하게 구별해야 한다는 말이오."

중간 집안의 후손이 많은 이유가 따로 있을까?

손권과 헤어져 집으로 돌아와서 손 선생과의 대화를 곰곰이 되씹어보던 조조는 갑자기 중간 집안에서 후손이 특별히 많은 이유가 궁금했다. 이것이 혹시 중자 발복? 후손 수 증가에도 장자, 중자, 말자(막내아들) 발복이 따로 있는가? 배영동 박사의 논문을 다시 확인해봐야 하겠군. 장자, 중자, 말자 발복에 관한 것은 다음으로 미루기로 마음먹었다.

3. 귀(貴)의 발복

귀(貴)는 무엇인가? 귀하다는 뜻인가? 그 숫자가 별로 없어서 희귀하여 값비싼 골동품과 같은 것을 말하는가? 인품이 고매하여 모든 이들로부터 존경을 받는 대상이 귀한 것일까? 평균적이거나 그에 가까운 것을 평범하다고 하니, 평범하지 않으나 천박하지 않은 것을 귀하다고 하는가?

귀하다는 것은 결국 존경받는 사람, 소중하고 희귀한 물건(결과적으로는 값이 비쌈), 그 수가 너무나도 적은 물건이나 문화, 이런 것을 말하는가?

국어사전에는 '1. 신분, 지위 따위가 높다. 2. 존중할 만하다. 3. 아주 보배롭고 소중하다'고 풀이하고 있다. 동양의 전통 관념에서는 존경의 개념이 포함된 신분을 '귀(貴)'로 나타낸 것으로 보인다.

조조는 귀하다는 것에 대해 좀 더 알아보기 위해 유비가 거처하는 곳을 찾았다.

"유 선생. 며칠 동안 유 선생을 보지 못해서 이렇게 찾아왔소."

조 승상의 방문이 걱정스러운지 유비의 행동이 부자연스러웠다. 혹시라도 또 질책을 당하면 어떻게 하지. 만날 때마다 야단맞거나, 공부하라는 말을 들으니. 내 처지도 좋은 형편은 아니네. 이런저런 생각을 굴리는 찰나에 조조의 목소리가 유비의 귓가를 내리쳤다.

"유 선생."

"아, 네. 조 승상."

"오늘은 내가 한 가지 배우려고 왔소."

아차, 큰일이네. 배우겠다고 하면 오늘도 야단 한 번 크게 맞겠네. 정신을 바짝 차려야지. 유비는 눈치를 살피며 말했다.

"제게 무슨 말씀을 하십니까? 하문하십시오."

"거 뭐라더라. 아, 부귀손에서 귀라고 하는 것 말이요. 그게 무엇을 말하는 것이오? 그게 무척 궁금하오."

"원, 승상께서도…… 바로 승상 같은 분이 귀한 분이지 않습니까?"

조조의 입에서 나온 의외의 질문이 너무 단순하여 유비는 긴장의 끈을 놓았다.

이것이 실책이었나? 갑자기 조조의 엉뚱한 질문이 그를 몹시 당황하게 만들었다.

"그럼, 우리 유 선생도 귀한 사람이오?"

"저 같은 사람이 어찌."

"무슨 말을 그렇게 하오. 황실의 후손으로 고매한 인격을 갖추고 장비를 비롯한 훌륭한 장수들이 유 선생을 따르는데, 어찌 귀하다 하지 않을 수 있겠소!"

"별 과찬의 말씀을……."

"풍수지리에서는 귀한 것을 어떻게 생각하오?"

"높은 관직에 있는 사람을 말하지요."

"높은 관직이라……?"

"예. 중국의 승상이나 조선의 정승, 판서, 대통령, 장관, 국회의원, 도지사, 판사, 검사, 경찰서장……."

"그런 사람들을 귀한 사람으로 여긴다는 거요?"

"예."

"유 선생. 지금 제정신이오?"

"무슨 말씀인지……?"

조조의 서릿발 같은 말에 주눅이 들어 기어들어가는 목소리로 겨우 말을 꺼냈다.

"'귀'라는 말에는 '존경한다, 품위가 있다, 더 나아가서는 품위 있고 비싸다, 품위 있고 높다, 존경하고 품격 있다' 이런 의미가 있지 않소."

"예. 그렇지요."

"그런데 유 선생의 입에서 천하디 천한 관직만 누에에서 실 빠져 나오듯이 그리 쉽게 술술 나온단 말이오. 한 왕실의 후손으로 내 그동안 항상 존경의 마음을 한쪽 가슴에 담고 있었는데, 오늘은 실망이 너무 크오."

유비와 헤어진 후에 집에 돌아와서 일주일을 이런저런 생각으로 고민하던 조조는 손권을 집으로 불렀다. 조조에게 비참하게 깨졌다는 유비에 관한 소식을 귀동냥해서 익히 잘 알고 있던 손권은 유비가 당한 내용에 대한 답을 여기저기서 구해 열심히 내 것으로 만들던 중이었다. 그런 중, 조조의 부름을 받은 것이 어쩌면 천만다행이었다. 억지로라도 환한 표정으로 조조를 찾아간 손권은 다짜고짜 물었다.

"승상께서 어찌 저를 찾으셨습니까?"

"내가 아무래도 총명한 손 선생을 너무 좋아하는가 보오."

"저로서는 너무나 감사할 따름이지요."

"그런데 손 선생, 귀한 사람은 어떤 사람을 말할까? 할머니에게는 손자가 귀한 사람인데. 손자한테는 할머니가 그리 귀하지는 않은 세상이 되었으니. 귀라는 것이 절대적인 가치가 아닌가 보오?"

그동안 공부했던 내용과 전혀 다른 질문을 하는 통에 손권은 갑작스레 정신이 혼미해졌다. (소위 멘붕이 왔다!)

"승상께서는 항상 예리한 점을 꿰뚫고 계십니다."

"내가 뭘 꿰뚫었다는 거요?"

"귀한 것은 분명히 '소중하다, 가치 있다, 희소하다, 존경하다' 이런 뜻인데 할머니에게 손자는 귀하고, 옛날에는 손자에게 할머니가 귀했지만 지금은 아닌 경우가 더 많다 이렇게 하시니 제 식견이 너무나도 짧고 한정되어 있어서 승상께 드릴 말씀이 없습니다."

"아니오. 그저 세상 물정이 안타까워서 해본 말이오."

"이런 걸 떠나서 우리 오늘은 풍수의 발복에서 말하는 귀(貴)에 대해서 이야기나 해봅시다."

"예. 승상."

겨우 열심히 공부해온 쪽으로 말꼬리가 바뀐 것을 확인하고는 큰 근심덩어리가 순식간에 사라졌다. 신이 난 손권은 예의에 어긋나게 먼저 말문을 열었다.

"승상과 같은 고귀한 지위에 계신 분을 귀하다 하겠습니다."

"내가 고귀하다고, 왜죠?"

"승상께서는 세간에 알려진 것과는 달리 항상 백성을 위하는 마음으로 정책을 펴시고, 무능하지만 백성들이 무한한 존경을 할 수 있도록 황제를 보필하시며, 알려진 것과는 달리 사적인 욕심을 일체 부리지 않으시니 진정 귀하신 존재입니다."

"아부가 너무 심하오."

말한 것과는 달리 조조는 마음속에 커다란 행복감이 일어나 기쁨을 감출 수 없었다.

"내가 보기에 우리 손 선생도 강남지방의 백성들이 배불리 먹을 수 있도록 땅을 잘 다스리고 많은 부하들이 존경하는 마음으로 따르니 귀한 존재임이 확실하오."

"과찬의 말씀에 몸 둘 바를 모르겠습니다."

이렇게 서로는 가볍게 승패와 상관없는 일합을 겨루었다.

며칠 후에 손권에 대한 조조의 기습작전이 시작되었다.

일전에는 손권이 많은 공부로 무장한 채로 조조의 진영에 들어왔으므로 약간의 빈틈을 이용해서 손권이 공격해오면 조조로서도 그 승패를 예단하기 어려웠다.

조조는 사냥 채비를 해서 말을 타고 지나는 척 하며 손권의 거처로 찾아들었다.

"내 사냥을 나가다 손 선생이 계시다기에 잠시 들러 차 한 잔을 하고자 하오."

"언제나 승상의 방문을 환영합니다."

말은 그렇게 하면서도 손권은 무척 긴장되었다.

간단하게 차 한 잔을 서로 나누었다.

"일전에 말이오. 그 귀(貴)라고 하는 말에는 '존경하다'는 것이 포함되어 있다 하였소?"

"예. 그랬습니다."

"풍수 발복의 입장에서 볼 때 어떤 사람이 나오면 '귀'로 평가할 수 있겠소? 구체적으로 조선시대의 관작을 예로 든다면……?"

손권은 조조의 난데없는 질문에 잠시 머뭇거리다 답했다.

"아무래도 3명의 재상, 6판서, 이런 분들은 귀하다 할 수 있지 않을까요?"

"그 외에도 전란에 공을 세운 충신이나, 참판이나 관찰사와 같은 2품직, 이조나 삼사의 청요직이 귀하다 할 수 있겠지요."

"과거 급제자는 어떻소?"

"마찬가지로 귀하다 할 수 있겠습니다."

"조선말에 대과에서 병과 23등, 즉 꼴찌로 급제하면 어떤 벼슬에 제수되오?"

"아마도 8품에 제수될 겁니다."

"그러면 1~8품 벼슬에 오른 사람은 모두 귀한 분인가요?"

"논리가 그렇게 되네요?!?!"

"공을 세운 충신은 귀한 사람이고, 역적은 무엇이 되오?"

"귀하지 않게 되네요."

"과거급제 후에 역적으로 귀양 갔다 다시 돌아와서 높은 관직에 오른 정승들은 무엇이 되오?"

"귀한 사람, 천한 사람, 귀, 천……."

"왜 그러오?"

"승상만 만나면 제 머리 속이 하얗게 변합니다."

"이유가 뭐요?"

"저도 모르겠습니다."

"저도 모르다니. 나는 알겠는데요."

"네??"

"이럴 땐 내 입장만 이야기해야 하오."

"그래서 '저는 모르겠습니다'라고 해야 하오."

"잘 알겠습니다. 그런데 왜 저의 머릿속이 하얗게 되었을까요?"

"손 선생은 총명하고, 박식하고, 성실해서 내가 무척 아끼고 좋아해요. 문제는 논리에 체계가 덜 잡혀 있고, 무엇보다 기준이 명확하지 않아요. 평가할 때는 명확한 기준 위에 체계적으로 행해야 하질 않겠소."

조조는 손권을 만났지만 귀에 대한 불명확한 점이 머릿속에서 사라지지 않았다. 그래서 한 왕실에서 귀에 해당하는 많은 관직자들을 추려내어 그들의 관직과 귀 사이의 상관성을 맞추어 보았다. 중국은 조선과는 달리 조상의 신분이 먼 후세까지 이어지지 않았다. 조상이 비천했다 하여도 무슨 일로 인해서 갑자기 귀한 신분으로, 또 급작스레 천한 신분으로 바뀌곤 했다. 조선에서는 특별히 역적이 아닌 이상, 원래의 양반신분이 바뀌는 경우가 없었다. 13대에 걸쳐서 부자였던 경주 최부자의 경우에도 2대 정도의 간격으로 사마에 합격하면서 존경받는 가문으로 유지되었다.

뾰족한 결론을 내리지 못한 채 며칠을 보낸 후 조조는 유비를 집으로 초청했다.

"유 선생, 그동안 적적하였소."

"예. 조 승상."

대답은 했지만 유비의 목소리에는 두려움이 깊이 배여 있었다.

"지난번에 유 선생과 귀(貴)에 대해 이야기하다 종결을 내지 못하였지, 아마……?"

"송구스럽지만 기억이 잘 나질 않습니다."

누구와 닮아서 불리하면 기억이 안 난다고 하는 유비의 입장도 조조는 이해할 수 있었다.

"한 왕실에 대해서 나도 잘 알고 있지만, 나보다는 유 선생이 훨씬 해박할 것 같아 오시라고 했소."

"저보다는 승상께서 더 잘 아실 테지요."

조조의 집안은 대대로 황궁 내의 일을 보는 환관 가문이었기에 조조도 황실의 족보를 꿰고 있었다.

"고조(유방)께서는 훌륭한 가문에서 태어나 젊으신 나이에 천하를 제패하시고 이처럼 훌륭한 나라를 이루셨지 않소."

유비는 조조가 또 무슨 말로 자신을 괴롭힐까 고민하던 중에 의외의 질문에 다소 마음을 놓았다.

"그런데 말이오. 우리 황실을 제외하고는 항간에 이상한 말들이 떠돈다 하오."

아니 무슨 뚱딴지같은 말을 꺼내시려나. 또 큰일 나겠군.

"이상한 말이라뇨?"

"아, 조선에서는 '콩 심은 데 콩 나고 팥 심은 데 팥 난다' 하던데, 우리나라에서는 '왕후장상의 씨가 따로 있나' 하는 말이 있다오."

"그게 무슨 말씀인지⋯⋯?"

"조선에서 만약 왕후장상 이야기가 나왔다면 역적으로 몰렸을 것이오."

"당연히 그랬겠지요."

"왕후장상 이야기는 누구든 높은 신분이 될 수 있다는 희망적인 이야기인가요?"

"저로서는 이해가 안 갑니다."

"누구든 열심히 노력하면 '꿈이 이루어진다'는 기회의 나라이다, 이런 말이겠지요?"

"그렇게도 됩니까?"

"관리로 진출하면 모두 존경을 받는다고 생각하오?"

"그렇진 않습니다."

"품계에 따라 존경을 받는 정도가 다른가요?"

"그것도 아닙니다."

"그러면 귀한 것과 관리의 품계 간에는 상관성이 없나요?"

"따지고 보니 그렇습니다."

"유 선생이 주도하는 풍수계에서는 명당에 귀봉사이라는 것이 있지요?"

"예."

"귀봉사가 무엇인지 말해 주구려."

아, 이제 때가 왔구나. 당하지 않게 신중해야지. 유비는 헛기침을 한 번 하고는 신중하게 하나하나씩 설명했다.

"군왕사가 있는 곳에 제왕후가 나타나고, 어병사가 있는 곳에 제왕비가 나타나고, 영상사가 있는 곳에 장차관이 나타나고, 일자문성 있는 곳에 도지사가 나타나고, 귀봉사가 있는 곳에 군수 급이 나타나고, 독봉사가 있는 곳에 면장 급이 나타나고, 문필사가 있는 곳에 문장명필이 나타난다고 하였습니다."

"아니 이건 누가 쓴 <명당론> 전집에 나와 있는 내용 아니오?"

"그 책에 잘 정리되어 있습니다."

"잘 정리되어 있다는 말은 명확하게 주장된 것이라는 뜻이겠죠?"

"그렇습니다."

"그 근거가 동시에 제시되어 있소? 아니면 견해를 서술한 것이오?"

"근거는 제시되어 있지 않았습니다."

"유 선생의 생각은 어떻소?"

"제가 적용을 해보아도 잘 맞았습니다."

"근거가 있소?"

"어쩌다 한 번씩 장관이나 군수를 지낸 분에 대해서 적용하면 잘 맞았습니다."

"틀릴 확률은 얼마나 되오?"

"무슨 말씀인지요?"

"주장을 했다면 100% 올바르다는 뜻은 아닐 것 아니오?"

"그렇게 되나요?"

"무슨 말이오. 그렇게 되나요라니!"

"항상 틀릴 확률을 말해야 하는 것인가요?"

"아니, 그러면 10가지를 말했는데 2가지가 맞은 경우와 8가지가 맞은 경우가 동등하게 대우받나요?"

"그건 아닙니다만……."

"유 선생이 하는 말이 확인은 안 해봤다. 맞더라. 틀릴 확률은 얼마인지 모른다. 그냥 맞더라. 이건 10개 중에 1개가 맞는지 9개가 맞는지 모른다는 것인데, 이런 논리로 어떻게 백성들을 인도하려 하시오. 촉의 백성들이 염려되오. 생지로 인도하는지, 사지로 몰아내는지. 원, 이래서야. 대한민국 전직 대통령들 중에도 그런 분들이 하나 둘이 아니라는데…… 2014년에 최삼종 박사가 발표한 논문을 한번 읽어보시오. 참으로 딱합니다."

최삼종은 경기도지방에 산재해 있는 조선시대에 조성된 여러 묘소 주위의 산형을 관찰하고, 묘소에 있는 망자의 3대 후손의 관직 진출에 대한 여부를 조사했다. 정확하게 말하면 1품계의 관직에 진출한 사람과 그들의 증조부모 묘소에서 관찰되는 산형과의 상관관계를 조사한 것이다. 그 결과 <명당론>에 나와 있는 영상사는 1품의 고위직과 상관성을 가지며, 일자문성은 정2품직의 판서나 참판과 상관성을 가졌다.

이러한 팩트는 <명당론>에 제시된 산형과 관직의 상관성이 맞지 않음을 의미한다. <명당론> 서문에 기술된 '실지를 답사하여 얻어진 통계적 공식과 결과'라는 표현이 사실인가에 대한 의문이 생긴다. 참고로 2016년에 한말상이 그의 박사학위 논문에서 발표한 결과에 의하면, 선출직 광역자치단체장 (경상북도 지사, 경상남도 지사, 서울시장, 대구시장, 부산시장 등)과 상관성을 가지는 산형은 일자문성이 아니라 삼연성으로 나타났다. 물론 서울시장은 정2품 한성부판윤이며, 관찰사나 경주부윤은 종2품으로 서로 품계가 달라서 지금의 광역자치단체장에 해당하지 않을 수도 있다. 그래서 직접적인 산형의 차이는 영상사와 일자문성에 국한했다.

<표 3> 조선시대 관직과 현대 관직

품계	직위	현대 직위
정1품	영의정, 좌의정, 우의정, 도제조영사, 도제조	국무총리
종1품	좌찬성, 우찬성, 판사, 제조, 판의금부사, 판사	부총리
정2품	지사, 판서, 좌참찬, 우참찬, 대제학, 지사, 제조, 도총관, 한성판윤	도지사(선출직) 장관
종2품	대사헌, 동지사, 참판, 동지사, 부총관, 관찰사, 부윤, 병마절도사, 유수, 좌우윤	차관
정3품 당상관	참의, 도승지, 부승지, 직제학, 동부승지, 첨지사, 별장, 병마절제사, 도정	관리관, 이사관, 군수(선출직)
정3품 당하관	목사, 부사, 정	
종3품	집의, 사간, 대호군, 부장도호부사, 부정	
정4품	사인, 장령, 호군	
종4품	경력, 첨정, 서윤, 부호군, 첨정, 군수	
정5품	정랑, 별좌, 교리, 사직, 지평	
종5품	도사, 판관, 도사, 부사직, 현령	
정6품	좌랑, 별제, 감찰	
종6품	주부, 교수, 부장, 수문장, 종사관, 찰방, 현감, 교수	
정7품	박사, 사정, 참군	
종7품	직장, 부사정	
정8품	저작, 사맹	
종8품	봉사, 부사맹	
정9품	부봉사, 정자, 훈도, 사용	
종9품	참봉, 부사용, 별장	

조선시대 관직과 현대의 관직은 직위나 직책 면에서 완전히 달랐다. <표 3>은 책임과 의무 및 권한으로 볼 때 조선시대의 관직과 현

대의 관직간의 상관성을 나타낸 것이다. 재상에 해당하는 것이 국무총리라고 하면 종1품의 찬성에 해당하는 관직은 적절한 해당 관직을 찾기 힘들었다. 또한 임명직과 선출직의 지방자치단체장은 더욱 어려웠다.

대략 한 달이 지난 후에 조조는 유비와 손권을 동시에 자기 집무실로 초청했다.

"유 선생과 손 선생, 어서 오세요. 그동안 보고 싶었소이다."

"저희도 뵙고 싶었습니다."

"요즈음은 중원이 조용하니 모든 관리들이 맡은 바 소임을 다하느라 매우 분주하오."

"모든 것이 승상께서 황제폐하를 잘 보필하신 덕이라 생각됩니다."

"무슨 과찬의 말씀을……. 그건 그렇고 차나 한 잔 하면서 서로 이야기를 나누어 봅시다."

위촉오 삼국이 다음 전쟁을 대비하여 서로 전열을 갖추느라 지위 고하를 막론하고 모든 관료들이 분주히 움직이는 시기였다.

"지난번에 말이오, 최삼종 박사가 박사학위 논문에서 발표한 내용에 대해 말씀드렸지요."

"예."

"아, 유 선생에게만 이야기했구만요."

"저는 초문입니다. 괜찮으니 하문하십시오."

"최 박사의 논문에는 명당 묘소에서 일자문성이나 영상사가 있는 경우에 묘소의 증손에서 1품직의 고위 관직자가 나왔다고 해요."

"예. 저도 보았습니다."

"한 가지 흥미로운 것은 그 묘소에서 삼각형의 반듯한 산형이 관찰된 경우에는 정3품 당상관도 나왔다고 되어 있어요."

"아, 그렇습니까?"

"주의 깊게 읽어보세요."

"유 선생, 하남 풍수에서의 귀봉사가 바로 최 박사가 말한 삼각형 산형이지요?"

"예. 그렇습니다."

"그러면 삼각형 산이 정3품 당상관에 해당하는군요."

"그런 셈인데요."

"그러면 하남풍수에서 말하는 군수 급이 최 박사가 기술한 정3품 당상관과 같은 직급이겠네요."

"요즈음 군수는 직선제인데다 직원의 임면과 재정을 총괄하고, 사업을 실행하는 등 그 힘이 막강하여 옛날의 관찰사보다 더 힘이 세다고 봐야 합니다."

"손 선생도 유 선생의 의견에 동의하오?"

"저도 그렇게 생각합니다."

"이보시오, 정신들 차리시오. <명당론>이 언제 출간되었소?"

"1976년 5월 15일입니다."

"한반도에서 지방자치가 언제부터 시행되었소?"

"1949년에 법을 만들었는데, 1952~1961년에 시행되다가 1988년에 법이 전면 개편되어 1991년에 기초 및 광역의회를 구성하였고, 1995년에 지방자치단체장을 제대로 선출하였습니다."

"그러면 두 분이 이야기하는 강력한 힘을 가진 선출직 군수가 1976년경 나왔다는 거요?"

"그건 아닌데요."

"그러면 하남 선생이 미래를 예견하는 능력을 가지신 분이었나요?"

"그건 아닌 것으로 알고 있습니다."

"두 분 모두에게 말합니다. 전후좌우를 살피지 않고 아무렇게 이야기하지 마세요. 항상 근거가 있는 내용은 근거를 제시하면서 이야기하고, 근거가 없는 경우에는 본인의 생각이라고 밝히세요. 그렇게 하지 않으면 오늘처럼 스승께 누가되는 일이 발생합니다."

"명심하겠습니다."

최삼종 박사의 조사에 의하면 정3품 당하관 이하의 관직자는 증조부모의 묘소가 명당이 아니거나, 명당 묘소에서 삼각형 산이 없는 경우에 출현한 것으로 밝혀졌다. 즉, 명당 묘소에서 삼각형 산형은 정3품 당상관, 일자산형은 2품, 영상사나 한쪽에 어깨가 있는 일자산형은 1품의 관직자와 상관성을 가진다는 것이다.

"최박사가 왜 명당 묘소에서 일자산형이 관찰되는 경우에 증손자 대에서 1품의 관직자가 출현하였다고 하지 않고, 일자산형과 1품 관직자 후손이 상관성을 가진다고 하였을까?"

"무슨 말씀인지?"

"같은 뜻이 아닙니까?"

"내가 무슨 말을 하는지 모르겠소?"

"무슨······?"

"두 가지 경우, 즉 '일자산형이 있으면 1품 관직자가 나온다'와 '1품 관직자가 나왔으면 일자산형이 있다'라는 문장의 차이를 말하는 거요."

"같은 내용 아닙니까?"

"논리학이라고 들어봤소?"

"예."

"최 박사는 1품 관직자를 먼저 찾아내어 그들의 증조부모 묘소에서 일자산형을 확인한 거요. 그러니 이에 대한 역은 발표하지 않았소. 그러니 양자 간에 상관성이 있다는 표현을 했지요."

"그 역은 왜 말하지 않았나요?"

"그 역에 대한 것은 2016년에 조승래 박사가 박사학위 논문에서 규명했어요."

"흥미롭네요."

"조 박사는 '1품 관직자의 증조부모 묘소 중에는 명당이 하나 이상 있고, 해당 명당 묘소 주변에는 일자산형이 반드시 있다고 최 박사와 같은 내용을 발표했는데, 이것에 추가하여 명당 묘소의 주변에서 일자산형이 있다고 해서 증손자대에서 반드시 1품 관직자가 출현한다고 할 수 없다'라고 발표했소."

"정말인가요?"

"이 말은 '명당인 증조부모 묘소에서 일자산형이 존재하는 것은 1품 관직자 증손자가 출현하기 위한 '필요조건이지, 필요충분조건은 아니다'라는 뜻이오."

"좀 더 자세히 말씀해 주십시오."

"쉽게 말하면 명당에 모셔놓고 주변 산형과 같은 좋은 일을 기대하지 말라. 그렇게 안 되는 경우도 있다는 말씀인가요?"

"유 선생이나 손 선생이 알고 있던 내용과 근본적으로 다르지 않나요?"

"충격입니다."

"잘 될 것이라고 믿고 있었는데 그대로 되지 않는 경우도 있다, 이런 말이오."

"그 역은 성립한다고 했으니."

"저희를 놀리십니까?"

"그럴 리가……."

"훌륭한 후손, 예를 들어 반기문 유엔사무총장이 출현했으니 그의 증조부모 묘소 중에 하나는 명당이며, 세계적인 인물에 해당하는 산형이 그 묘소에서 반드시 관찰된다……."

"다른 경우는 없습니까?"

"다른 고위 관직자나 존경받는 사람들도 마찬가지라고 2015년에 정영목 박사가 학위논문에서 발표했어요."

"그런 논문도 있었습니까?"

"두 분도 앞으로 서책과 논문을 좀 더 가까이 하길 바라오."

"명심하겠습니다."

"명당에 모셨다고 해서 가만히 있으면 안 되겠네요."

"어떻게 우리의 생각을 송두리째 뒤집어 놓으십니까?"

"왜 이런 결과가 나올까요?"

"이해가 안 됩니다."

"한번 생각들 해보시오. 원리는 간단하오."

"정말인가요?"

"증조부모의 묘소에서 태어날 후손을 미리 모두 다 알 수 있다면 얼마나 삶이 척박하겠소. 갖춘 자와 못 갖춘 자 간의 괴리……?"

"무슨 말씀인지요?"

"두 분이 오늘은 왜 이리 둔하신가?"

"지금껏 우리는 남자 또는 아들 중심적으로 토론하였소."

"아, 알겠습니다. 부부-부부가 아닌 부모-부모 또는 부모-모-모와 같이 '자신에게 유전인자를 주신 모든 조상님을 모두 고려해야 한다' 이런 말씀이시지요?"

"이제야 손 선생의 명석한 머리가 작동하는구만."

"무슨 말씀이신지⋯⋯."

"나에게 유전인자를 주신 증조부모가 내외족을 합하여 8명 계시는데 '우리는 2명의 친증조부모님 묘소만 가지고 모든 이야기를 전개하고 있다' 이 말이오."

"이제 알겠습니다."

"그러니 '8명 중에서 2명이 명당에 계신다고 좋아만 하고 있을 수 없다' 이런 논리가 되겠지요."

"왜 필요조건인지 이해가 갑니다."

"그렇다면 1품 품계자가 나왔을 때 친증조부모 묘소에만 일자산형이 있을까요?"

"어려운 질문이오. 유 선생도 가끔은 예리하군."

"내가 알기로는 아직 이것에 대해서는 연구된 경우가 없어요."

"친증조부모 묘소를 알아내는 것도 쉽지 않아요. 하물며 어머니-외할머니-외외증조부모 이렇게 가면 외외증조부모 묘소는커녕 족보도 구하기 쉽지 않을 거요."

"아이쿠, 머리가 갑자기 아파옵니다."

"나도 머리가 무거워지니 오늘은 여기서 이만 끝냅시다."

"아이구, 살았습니다."

"참으로 유익한 시간이었소."

4. 부(富)의 정의

부자(富者). 조선시대에는 많은 양반들이 과거에 급제하여 높은 벼슬에 오르고자 했다. 양인이나 천인들은 운 좋게 보다 높은 신분을 갖게 되길 빌었다. 그렇지만 철저한 신분사회이자 귀족중심 국가였던 조선에서 신분상승은 꿈도 꾸지 못했다. 그래도 운 좋게 그런 기회는 예고도 없이 찾아오곤 했다. 반정이나 역모가 그런 뜻밖의 행운을 가져다주는 수단이었다. 반정에 참여하여 성공하는 날에는 노비들도 그 공에 따라 양반이 되고 벼슬도 받았다. 반정에 참여해야만 꼭 양반이 되는 것도 아니었다. 그 반대편에서 반정 토벌에 참여하여 공을 세우는 경우도 마찬가지였다. 그런가 하면 역적이나 반정의 괴수의 목이라도 쳐서 관에 받치면 이 또한 커다란 행운을 보상받았다. 이처럼 조선시대에는 신분상승이나 관료진출을 꿈꾸는 사람들이 많았다. 지금은 어떤가?

더 이상 고위 관료들이 존경받지 못하니 관계(官界)에 진출하는 것은 널리 선호하는 것에서 멀어졌다. '부자되세요' 하는 광고가 세속 흐름을 주도한 적도 있지만 여전히 대한민국 국민이 가장 선호하는 것은 부자다. 그것도 큰 부자. 더욱 큰 부자가 되거나 거부 또는 재벌이 되는 꿈을 꾸는 사람들이 부지기수다. 모두에게 부자가 되는 길이 열려 있기 때문이기도 하리. 지출을 최소화해서 재화를 축적하는 길, 수입을 극대화하는 길, 이외에도 많은 부자가 되는 길을 수많은 책들이 앞서서 제시하고 있다. 과연 그럴까?

조조와 유비 그리고 손권은 부자가 되는 길을 모른다. 당시에는 권력을 잡는 것이 곧 부를 축적하는 것이고, 오늘날의 거부 재벌이 되는 길이었다. 조조는 유비와 손권에게 미리 통지하여 한 달 후에 조조의 처소에서 연회를 즐기면서 부(富)에 관해서 토론을 하기로 했다. 메시지를 받은 유비와 손권은 희희낙락이었다. 왜냐고?

자신들은 물론 조 승상도 당시에는 부자가 무엇인지 몰랐으니까.

아차. 큰 실수를 할 뻔 했네. 모르면 집요하게 질문해서 답을 구하는 조조에게 상상할 수 없을 정도로 구박을 당할 텐데 열심히 준비해야겠네. 두 사람은 종종걸음으로 큰 부자들이 있는 시장통으로 향했다.

끝내 문제의 날이 찾아왔다. 손권은 의기양양한 걸음으로 조 승상의 저택으로 들어갔다. 유비는 예의 조심스런 동작으로 뒤뚱뒤뚱 대문 안으로 뒤따라 들어갔다.

"두 분 모두 오랜만이오. 시험공부 재미가 어땠소?"

"승상 덕택에 교양은 물론 전문지식을 넓히는 기회였습니다. 감사합니다."

"돈이 무엇인지 몰랐는데, 신기한 것을 많이 알게 되어 기쁩니다."

"감사와 기쁨이라."

"어디 한번 풀어봅시다."

"손 선생, 재화에 대해서는 우리 세 사람 중에서 제일 박식하니 먼저 물어보겠소. 부 또는 부자가 무엇이오?"

"재화나 재물이 많거나 많은 사람을 말하지요."

"이해는 될 듯 말 듯 한데 잘 모르겠소."

"무엇이 이해되지 않습니까?"

"많다, 적다는 기준이 있어야 명료해지는데, 그걸 모르겠다는 말이오." ,

조조의 말에 손권은 크게 한방 맞은 꼴이 되었다.

"국어사전에는 재물이 많아서 살림이 넉넉한 사람을 부자라고 되어 있습니다."

"그게 나를 바보로 만들고 있소."

"무슨……?"

손권은 말꼬리를 흐렸다. 조조의 말뜻은 이해되나 대답할 말이 없어서 꼬리 내린 여우 행색이 되었다. 유비는 속으로 쾌재를 불렀으나 혹시라도 불똥이 자신에게 튈까봐 조심조심 눈치만 보고 있었다.

"재물이나 재화는 이해되지만, 많다와 넉넉하다는 너무나 추상적이고 주관적이라오."

"그렇다 치고."

"죄송할 따름입니다."

"유 선생, 부자도 여러 종류가 있나요?"

"종류가 많습니다. 대상에 따라 아들부자, 딸부자, 대추부자, 농지부자……."

"그만하시오. 우린 지금 재화나 재물이 많아 살림이 넉넉한 사람에 대해 이야기하고 있지 않소."

"분위기를 부드럽게 해보려고 한 번 해본 소리입니다."

"아, 그렇소. 미처 몰라서 실례를 했소이다."

"아닙니다. 이제 분위기가 약간 부드러워진 것 같습니다."

"부자에도 급이 있나요?"

"예. 그냥부자, 동네부자, 큰 부자(거부), 재벌…… 보통은 부자와 거부로 나누는데, 영어식 표현에는 좀 더 다양합니다."

"약간 다른 것이긴 해도 재벌도 부자와 같은 내용으로 사용됩니다."

"조선시대에는 어떤 종류가 있었소?"

"예. 천석꾼, 만석꾼, 십만석꾼 이런 부자들이 있었지요."

"백석꾼은 없었나?"

"백석꾼도 있었습니다."

"만석꾼이 무엇이오?"

"매년 만석 내외의 재물을 거둔다는 뜻이지요."

"조선시대에 만석꾼이라면 어디 가나 만석은 되어야 이렇게 부르는가?"

"당연히 만석 내외는 되어야 합니다."

"정말이오?"

"(자신 있게)예."

"혹시 2006년에 출간된 부산 동의대학교 최해진 교수가 쓴 <경주 최부자 500년의 신화>라는 책을 읽어 보았소?"

"초문입니다."

"자료조사를 좀 철저히 하시오."

"무슨 말씀이신지?"

"그 책에 보면 경상도에서는 전라도와 달리 넓은 농토가 없어 대충 5천에서 7천석만 해도 만석꾼이라 했다오.”

“그렇군요.”

“만석꾼은 재물에 대한 절대적 평가가 아니라 관념적인 표현이라고도 할 수 있지.”

“천석보다 엄청나게 많은 재물을 의미하는 경우도 있다는 말씀이신가요?”

“아따, 유 선생께서 오랜만에 3루타를 치시네.”

“감사합니다.”

“그래서 조선시대에는 100석지기를 부자, 1,000석지기를 큰 부자(천석꾼), 오천석꾼, 만석꾼, 이만석꾼, 오만석꾼…… 이렇게 불렀다고 하네.”

“조선시대에도 진짜 부자는 상업에 종사하는 사람들이었을 텐데요.”

“정확하게 지적하였소.”

“대체로 중인 출신들이 뛰어난 외국어 실력을 이용하여 무역을 통해 큰 재물을 모았는데, 이런 것들은 기록이 불분명한데 요즈음의 재화축적 과정과 같아서인지 비밀에 부쳐져 있는 것이 많이 아쉽네.”

“그런 부자도 있었다는 말입니까?”

“무슨 말이오. 조선의 3대 시장을 모르오?”

“아, 예.”

“아무래도 농업자본보다는 상업자본의 규모가 더 크기 마련이오.”

“이제야 이해가 갑니다.”

“조선시대에는 부에 대한 객관적인 자료가 부족하여 명확하게 부의 정도를 나누기 어렵겠소. 그러면 우리는 1970년대 이후에 나타나기 시작한 산업자본과 금융자본에 국한하여 부의 정도에 따라 등급을 나누어 이야기하도록 합시다."

조조의 말이 정확하게 무슨 뜻인지도 모르고 두 사람은 각자 자신의 거처로 돌아갔다.

5. 부귀손(富貴孫)의 발현

거처로 돌아온 손권은 지금까지 조 승상과 토론을 통해서 새롭게 알게 된 내용들을 체계적으로 정리할 필요를 느꼈다. 성품대로 이틀을 고민한 끝에 훌륭한 노트를 만들었다.

우선 명당의 정의를 보자. 음택 명당은 '묘소의 3대 후손에서 귀(貴)하거나 부자인 후손이 나타나고, 그들의 생식 능력이 뛰어나 4대 후손을 많이 두게 되는 묘소'라 할 수 있다. 전통풍수에서는 '후손에게 장차 좋은 일이 많이 생기게 되는 묏자리'를 말하는데, 근본적으로 정확하게 몇 대 후손인지 불명하고, 좋은 일이 무엇인지 분명하지 않다. 이렇게 불분명한 것을 명확하게 한 것이 조 승상이 새롭게 정의한 '명당'이다.

손권과는 달리 유비는 지금까지 토론을 통해 얻은 게 별로 없다는 생각이 들어 <명당론>에 대한 내용을 숙지하는 데 힘을 썼다. 하남의 <명당론>뿐만 아니라 지금까지 전해져온 여러 풍수서와 조선시대의 음양과 과거시험에 반드시 익혀야 하는 도서를 다시 읽고 익혀 나갔다. 아무리 현대과학이 발달해도 전통학문이 사라질 수 없을 것이라는 확신을 가지고 있기에 더욱 옛것을 공부하는 데 정진하기로 했다.

조조는 그간 명당에 대해서 두 사람과 토론을 하며 새롭게 정립한 것들을 다시 되새겨보았다. 명당으로부터 부귀손(富貴孫)이라는 측면에서 3대 후손의 번성을 알 수 있는데, 이것이 동시에 나타나는 경우도 있을까 하는 의문이 생겼다. 이 문제는 아무래도 명석한 손권과 이야기를 해야 실마리를 찾을 수 있을 것 같았다.

"손 선생, 지난번에 부자들을 재벌이나 거부(巨富) 또는 규모가 작은 동네부자가 나타나는 경우로 분류했는데, 이것이 명당 묘소 주변에서 관찰되는 산형의 크기에 따라서 달라지는 것이오?"

"그건 전통풍수에서도 그런 표현이 있습니다만, 2013년에 발표된 박인호 박사의 연구 결과에도 같은 내용이 있습니다. 명당 묘소의 주위에 있는 부자가 되는 산의 모양에 따라 부의 규모가 다르게 나타난다고 했습니다."

"귀(貴)의 경우도 부의 경우처럼 다양하게 나타날까요?"

"승상께서 권유하신 대로 이에 대한 논문을 읽고 정리했는데, 말씀대로 다양하게 나타났습니다."

"어떻게요?"

"귀(貴)의 경우는 부(富)보다도 더더욱 다양한 형태로 나타났습니다. 오늘날의 기준으로 볼 때 사무관 이상의 관직에서부터 대통령에 이르는 자리는 물론이며, 각 학교의 교장에서 교수, 대학 총장, 존경받는 학자들, 혹은 법조계의 판검사, 법원장, 대법원 판사, 대법원장, 검찰총장을 비롯한 검사 등등도 귀에 해당했습니다. 그런가 하면 지방자치단체의 장을 비롯하여 지방의원, 국회의원 등 선출직 귀인 또한 명당 묘소 주위의 산의 모양에 따라 각각 다르게 나타난다고 할 수 있습니다."

"재미있구만. 손(孫)도 다양한가요?"

"손은 시대적인 상황에 따라 다릅니다. 16~19세기 조선시대 양반을 기준으로 할 때 후손이 많은 명당의 3대 남자 후손은 평균 2.0명의 4대 남자 후손을 두었다고 할 수 있지요. 평균 2명이 이렇게 큰 줄 몰랐습니다."

"글쎄, 그게 그렇게 큰가요?"

"저도 2명이 4대까지 가봐야 2 × 2 × 2 = 8명으로 생각했지요. 그런데 망자의 아들이 2명이면 4대손은 16명, 3명이면 24명, 4명이면 32명, 이런 식으로 달라집니다."

"그래서요?"

"손이 번성하지 않으면 이것과는 사뭇 다르지요. 1.3배의 평균 증가율로 계산하면 1.3 × 1.3 × 1.3 = 약 2.2배입니다. 망자의 아들이 2명이면 4대손은 4명, 3명이면 7명, 4명이면 9명입니다. 2배일 때와 비교하면 큰 차이가 있습니다."

"그 계산에 문제가 있지 않소?"

"어떤 문제인지요?"

"망자의 아들-손자-증손자로 내려갈 때는 2.0배로 계산할 수 없는 것 아닌가요?"

"그렇군요."

"차이가 크게 나는 것은 맞지만 엄밀하게 적용해서 숫자로 나타낼 필요가 있겠어요."

"한 가지 고려해볼 것은 3~4대 증가율이 높은 경우에 2~3대와 4~5대에서도 증가율이 약간 높았습니다."

"그건 그야말로 콩 심은 데 콩 나는 격이군요."

두 사람은 잠시 쉬는 시간을 가지면서 한국에서 수입한 녹차 한 잔을 마셨다.

　"귀와 손이 동시에 나타나는 경우도 있나요?"

　"조선시대에는 이런 경우가 많았습니다. 예를 들어 성리학으로 유명한 퇴계 이황 선생의 증조부는 선산도호부사를 지낸 이정이라는 분인데, 이분의 부인인 안동김씨 묘소가 대단한 명당입니다."

　"그런데요?"

　"이들의 아들이나 손자 대에서는 현감이나 참봉 정도가 높은 벼슬이었는데, 이 정도는 명당 발현이 아니지요. 증손자대에서는 1품인 판중추부사(퇴계 이황), 종2품인 대사헌(이호), 찰방 등의 벼슬이 나와 2품 이상의 고위직이 16명의 증손자 중에서 2명이나 되었지요."

　"그래서요?"

　"안동김씨에게 3명의 아들이 있었는데 손자 6명, 증손자 16명, 4대손 34명을 두어 2~4대에 걸쳐 2.0배 이상의 증가율은 물론, 3대에서 4대로의 평균 증가율이 2.0배가 넘지요."

　"대단하구만……."

　"이처럼 2품 이상의 높은 벼슬을 지낸 후손뿐만 아니라 3~4대 증가율이 2.0배가 넘는 경우도 있었습니다."

　"조선시대에는 대체로 높은 벼슬과 높은 후손 증가율이 동시에 나오는 귀손 명당이 많지 않았나요?"

　"꼭 그렇지는 않았습니다."

　"조사해봤군요. 손 선생은 준비가 확실해서 좋아요."

　"대제학을 많이 배출한 조선 인조 때의 광산김씨 김장생의 가계나 같은 시기 청나라의 침략에 저항하다가 볼모로 잡혀가며 '가노라 삼각산아'로 시작되는 시를 남긴 안동김씨 김상헌의 가계는 조선말 높은 벼슬을 지낸 후손은 많아도 후손 증가율은 2.0배에 훨씬 못 미치는 1.0~1.4배를 나타내는 경우가 대부분이었지요. 대구서씨인 서유신 가계도 같은 경향을 나타냅니다."

"귀손이 동시에 나타나기도 하고, 그렇지 않은 경우도 있었다, 그런 결과군요."

"흥미롭지요."

"이런 경우에 명당 묘소에 어떤 차이가 있긴 하겠지만 다음 기회에 다루기로 합시다."

제3장

명당 묘소의 구조

조조는 두 사람과 같이 명당 후손의 부귀손에 대한 이야기만 나누었다. 그런데 어떻게 보면 본말이 뒤바뀐 듯한 느낌을 지울 수가 없었다. 그 이유가 무엇인지 곰곰이 생각한 결과 자신의 이력에 치욕적인 흔적일 수도 있는 치밀하지 못한 전개방식을 찾아냈다. 바로 명당이 무엇인지? 명당이 땅 속에 있는 것이라면 땅 속 구조가 어떤 것인지에 대한 검토가 전혀 되지 않았다. 그래서 이것에 대한 자료를 수집하다가 최근 영남대학교에서 명당 구조에 대한 연구를 한 결과 몇 명의 박사학위자가 배출되었다는 소식을 접하고 그 논문들을 입수해서 분석하였다. 이러한 사실을 두 사람에게 알리고 자료를 공유해서 심독한 후에 토론하기로 마음먹었다.

1. 명당은 구덩이 형태의 '혈'

"손 선생, 당신과 같은 성을 가진 손용원 박사가 명당의 구조에 대한 연구를 처음으로 했더이다."

"저도 보았습니다. 기발한 생각이었는데, 결과도 흥미로웠습니다."

"어떻게 손 박사가 그런 연구를 할 수 있었을까?"

"손 박사가 (구)농촌지도소에서 근무하는 공무원인데 한국에서 농업연구원에서 유일하게 보유하고 있는 장비를 빌려다가 경반층의 두께를 조사한 모양입니다. 우리 풍수사에 매우 중요한 사건이라 할 수 있습니다."

"어떻게 보면 정부의 도움도 있었군요."

"당연히 도움이 되었지요. 공무원 신분이고, 같은 분야에서 연구하는 사람이라……."

"무엇을 경반층이라고 합니까?"

"경반층(硬盤層, hardpan layer)은 농업활동을 위해 트랙터나 경운기를 사용하여 토양을 개간하면 토양의 최상위층은 혼합작용을 경험하게 되지만, 그 바로 하부에 존재하는 토양층은 기계적 하중으로 인한 압력을 받아 다져져 딱딱한 층을 형성하게 됩니다. [그림 1]에 경반층의 구조가 나타나 있는데, 경반층은 일반적으로 깊이 10∼30cm 정도에 발달하며, 경사진 지형에 경반층이 형성되면 비가 올 때 땅 속으로 침투한 물이 깊은 곳으로 침투하지 못하고 토양 상부에서 횡적으로 이동하는 현상이 발생합니다."

"그리고 한태락 박사는 전기비저항 탐사로 명당 묘소의 구조를 확인했다고 하더군요?"

"예. 그분도 연구 열정이 대단했습니다. 두 박사학위 논문을 종합하면 명당의 지질 구조를 명확하게 이해할 수 있습니다."

"그러면 그 두 논문을 먼저 요약해보기로 합시다."

"앞에서 말한 명당에 대한 구조를 찾아낸 사람은 손 박사와 한 박사인데, 손 박사는 그 형상을 확인했고, 한 박사는 명당을 찾아내는 방법을 제시했습니다. 두 사람이 자신들의 박사학위 논문에서 제시한 명당의 구조는 [그림 2]와 같습니다. 명당 묘소에는 [그림 2]에 보이는 것처럼 땅 속에 구덩이가 있지요. 그러니까 부드러운 흙구덩이가 바위 속에 있는데, 이런 구덩이 형태의 혈이 있는 곳이 음택 명당입니다."

"재미있군. 땅 속의 명당 구덩이. 혈…… 그래서요?"

"주변이 바위라면 시신이 놓인 자리만 흙으로 변했다고 할 수 있겠는데, 이런 자리에서 3대 후손의 번성이 나타났습니다."

"구덩이의 모양은요?"

"대체로 구덩이가 타원형을 이루는데 크기가 직경 2.5∼4.0m이고, 깊이는 0.6∼3.0m였습니다."

"아무나 쉽게 찾을 수 있나요?"

"쉽게 찾아내는 방법이 전기탐사법인데, 한 박사가 그의 박사학위 논문에서 찾는 방법과 판정 방법을 자세히 설명해 놓았더군요."

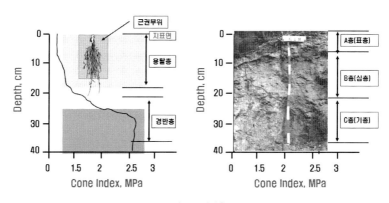

[그림 1] 경반층

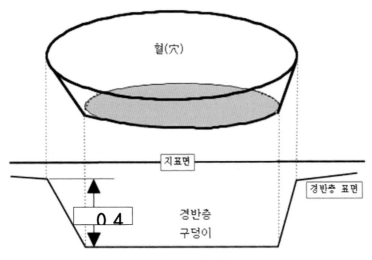

[그림 2] 명당 묘에 있는 혈의 구조

2. 혈의 크기와 형태에 따른 부귀손의 변화

명당 구덩이의 크기와 깊이에 따라 후손의 번성에 차이가 있을까? 매우 흥미로운 의문이다. 하지만 전혀 중요하지도 않은 의문이기도 하다. 어쨌든 조조로서는 한번 짚고 넘어갈 수밖에 없었다.

"지질탐사 결과로부터 명당 묘소의 후손 번성이 어떻게 될지 예측이 가능할까요?"

"물론 있지요."

"부귀손 간에 혈에 차이가 있었나요?"

"없었습니다."

"혈의 형태가 거의 같았다고요?"

"혈의 형태에 의해서 부귀손이 결정되는 것은 아닌 것으로 보입니다."

"혈의 크기와는 관계가 없었나요?"

"부자의 경우에 전통 풍수에서는 혈이 있는 곳의 판이 작으면 작은 부자, 중간 규모는 중간 부자, 아주 크면 큰 부자가 나온다고 합니다."

"판이 작다 크다는 기준이 있는 거요?"

"가로세로나 직경의 크기를 말씀하시나요?"

"그렇지요. 크다 작다는 기준이 있어야 될 것 아닌가?"

"그런 기준은 없습니다."

"그러면 개략적인 규모라도 있는가?"

"있습니다."

"무엇의 규모인가?"

"혈이 있는 곳의 판의 크기입니다."

"판?"

"예. 판의 크기입니다."

"묘가 있는 곳의 판의 크기는 묘를 조성할 때 어떻게 만드느냐에 따라 달라지지 않을까요?"

"손 선생 말이 맞지 않은가?"

"그리고 보니 명확하지 않군요."

"손 박사나 한 박사가 말한 경반층 구덩이의 크기로 분류하면 모를까."

"두 사람이 조사한 혈의 규모에 따라 귀부손의 정도에 차이가 없었나요?"

"조금 전에 차이가 없다고 하지 않았습니까?"

"그렇지."

"전통풍수에서는 부귀손에 차이가 생기는 이유를 몇 가지로 나누어 설명합니다."

"또 근거 없는 이론을 전개하시려는 게지요?"

"근거는 없더라도 들어 봅시다."

"무엇 때문에 부귀손에 차이가 생깁니까?"

"묘가 자리를 하고 있는 방향에 따라 부귀손이 달라진다고 하는 이론이 있습니다."

"전통풍수에 있다고……?"

"황당 이론을 쏟아내겠군."

"어떻게 아세요?"

"관념이라는 것은 머릿속에서 상상하는 세계이니까."

"흥미롭군요. 동양의 전통 사상에서 유추된 것이겠지요."

"그런 것 같군."

"패철이라고 하는 나침반으로 방향을 정하는데, 입수(入首)의 방향으로 부귀손을 정하지요."

"잠깐, 입수가 뭔 뜻이오?"

"2006년에 박채양이 발표한 박사학위 논문에 따르면 [그림 3]과 같이 입수는 묘 바로 뒤에 두툼하게 뭉쳐진 곳을 말하며, 입수는 입수 1절, 입수 2절, 입수 3절, 입수 4절 등으로 나눌 수 있다고 합니다. 특히 입수 1절은 입수의 연장선에서 처음으로 산맥이 꺾이는 곳인데, 봉분에서 약 15m 이내에 해당합니다."

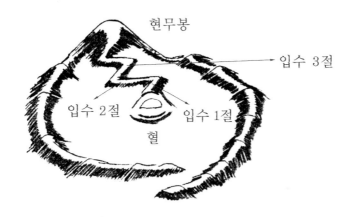

[그림 3] 혈과 입수

"그것에 대해 무슨 근거가 있는 거요?"

"방위에 따라 길흉이나 발복(發福, 운이 틔어서 복이 옴)이 달라진다고 하는 이론은 있습니다. 하지만 근거는 제시된 바 없습니다."

"그 이유가 뭐라고 생각하오?"

"동양적인 사고에서는 연역법적인 전개가 일반화되어 있기 때문이 아닐까요?"

"근거는 없고 주장은 있다. 이것은 이론이라기보다는 견해로 보는 것이 옳을 듯하오."

"저희들도 승상과 같이 토론하다 보니 이제는 이런 연역적 사고가 이해되지 않는 경우가 많습니다."

"많아서는 안 되고, 귀납적 사고로 바꿔야 합니다."

"그건 그렇고 혈의 형태는 부귀손과 직접 관련성이 있다는 근거는 나타나지 않았지만, 이를테면 근거는 없지만 입수와 관련이 있을 것이라는 견해가 있다고 했는데, 그 외에 또 다른 주장이나 견해는 없소?"

"내룡이나 용호 또는 사신사(四神砂, 묘소의 전후좌우에 있는 네 개의 산)에 있는 여러 종류의 산의 형태에 따라 차이가 있다는 것은 이미 앞에서 토의된 바 있습니다."

"사신사의 산형과 부귀손의 관계는 다음에 더욱 심도 있게 토론해봅시다.

3. 비명당과 흉당

우리 풍수계에서 흔히 사용되는 용어 중에서는 명당과 반대되는 개념으로 '흉당'이라는 것이 있다. 명당이 좋은 의미라면 흉당은 나쁜 의미다. 이것에 대해서 짚고 넘어가야 할 부분이 많다. 이것을 확인하기 위해서 조조는 유비를 불렀다.

✣ 흉당과 흉지 ✣

"유 선생, 풍수 용어 중에서 흉당이라는 것도 있나요?"

"예. 있습니다. 흉당 또는 흉지는 아주 나쁜 곳이라는 의미입니다. 이것은 가옥의 경우에 명당 가옥에 대응되어 사용되는 흉가와 같은 개념입니다."

"그래요? 흉가는 '사는 사람마다 흉한 일을 당하는 불길한 집'이라는 뜻인데, 그럼 흉당의 후손도 흉한 일을 당한다는 뜻이오?"

"그런 의미입니다."

"유 선생이 확인해본 적이 있거나 이렇게 기술되어 있는 자료를 확인한 바 있소?"

"그런 적은 없지만 풍수계에서 일반적으로 사용하는 말입니다."

"사전에서 '흉당 혹은 흉지'를 찾아본 적은 있었소?"

"없습니다."

"누가 구체적으로 '흉당'이라는 말을 사용했습니까?"

"특정인을 지명하기는 어렵습니다."

"좋아요. 입장을 이해해요. 그리고 참, 유 선생? '명가'는 '명망이 높은 가문이나 어떤 전문 분야에서 이름이 난 사람 또는 그런 집'을 말하므로 집 자체를 말하지 않고, '명당'은 좋은 일이 많이 생기게 된다는 땅 자체나 집 자체를 말합니다. 흉가는 불길한 집 자체를 말하지 않소?"

"흉당은 불길한 땅 자체 또는 집 자체를 말하는 게 아닌가요?"

"그렇게 생각하는 사람들이 많다는 것을 알지요. 그런데 유 선생은 불길한 일이 생긴다는 땅을 본 적 있소? 아니면 들어본 적이라도……?"

"불길한 일이 생긴다는 집은 있습니다."

"그건 흉당이라 하지 않고 '흉가'라고 하지 않나요."

"그러고 보니 흉당이란 용어가 사전에 왜 나오지 않는지 이해가 갑니다."

"불길한 일이 생기는 땅 중에서 땅이 다른 작용에 의해 어느 날 갑자기 아래로 꺼져 커다란 구멍이 생기는 경우가 있는데 그것을 싱크홀(sink hole)이라 하고, 산이 갑자기 아래로 미끄러져 내려가 사태가 나는 것을 땅의 미끄러짐(land sliding)이라 하며, 지진으로 인해 땅이 갈라진 곳을 균열(crack)이라고 하듯이, 위험이 뒤따르는 땅의 경우에 구체적인 현상으로 나타내지 그저 나쁜 땅(bad land?)이라는 의미의 흉당이나 흉지라고 말하지는 않잖소."

"미처 몰랐습니다."

"왜 흉당이라는 말을 사용할 수 없는지 이해했소?"

"잘 이해했습니다."

✽ 명당과 비명당 ✽

"그러면 묘소의 경우에 명당에 대응되는 것은 어떻게 말해야 하나요?"

"명당이 다른 묘소들에 비해 좋은 결과를 기대할 수 있는 곳에 해당하므로 대응되는 개념을 찾아야 되겠습니다."

"유 선생이 방금 아주 좋은 표현을 하셨소. 뭐냐 하면 '좋은' 혹은 '나은'이라는 말, 어때요?"

"예?"

"'좋은, 나은'이라는 단어는 어떤 비교 대상이 있거나 기준이 있을 때 사용하죠. 무엇보다 나은 곳이 명당이라면 무엇은 바로 평균이나 보통 또는 평범이라는 의미를 가지지 않겠어요."

"그렇게 되네요."

"그렇다면 명당에 대응되는 용어는 범당, 평균당, 보통당, 비명당 이렇게 불러야겠구만……. 그럼, 지금부터 '비명당'이라 부르기로 합시다."

"비명당, 아주 좋습니다. 거부반응도 생기지 않고. 흉당이라고 부를 땐 어딘가 께름칙하고 무서운 느낌이 들었습니다.”

“아니면 평범한 묘소라고 해도 괜찮겠지요.”

4. 명당의 1차 조건 – 입수 변화, 순경사, 용호환포

유 선생에게 들은 바로는 비명당에도 급수가 있었다. 예를 들어 아주 나빠서 흉한 일이 자주 발생하는 곳이 있고, 심각할 정도로 나쁘지는 않은 비명당이 있는가 하면, 무해무득한 자리가 있다고 한다.

어떤 사람은 ‘명당을 찾는 건 어려우니 그저 따뜻하고 무해무득한 남향 자리면 좋겠다’면서 그 이상은 바라지도 않는다고 한다. 남향이라 따뜻하고 무해무득하다면 그곳이 명당이지 어떤 곳이 명당일까? 실제로 무해무득한 곳이 있을까? 조조는 손권을 처소로 불렀다.

“모든 묘소는 명당과 비명당으로 나눌 수 있소?”

“그렇지요.”

“비명당에도 급수가 있을까?”

“물론 차이가 있었습니다. 후손 수 번성을 연구한 심봉섭, 최규석, 남오우의 박사학위 논문에 의하면 후손 수 번성이 묘소 주위의 형상에 따라 많은 차이가 있다고 합니다.”

“오, 그래요?”

“묘소의 형상을 입수의 변화 유무, 순역경사, 용호환포 유무로 나누어 후손 수의 번성 변화를 조사했지요.”

"잠깐, 입수의 변화 유무는 무슨 뜻이오?"

처음으로 승상이 모르는 부분을 만났다는 생각에 손권은 우쭐대면서 자신 있게 설명하기 시작했다.

"[그림 3]에서 보는 것처럼 입수가 입수 1, 2, 3절 등으로 구분되면 입수에 변화가 있다고 하고, 그렇지 않고 구별이 안 되고 한 방향으로 변화 없이 계속 밋밋하게 연결되어 있으면 입수에 변화가 없다고 합니다."

"입수 쪽에 좌우 변화나 상하로 굴곡이 있으면 입수 변화라 한다, 이런 이야기요?"

"예. 그렇습니다."

"봉분에서 뒤쪽으로 몇 m까지 변화가 없어야 입수변화가 없는 것이 되오?"

"글쎄, 측정해서 통계를 내어보지 않아서 모르겠습니다."

"박채양의 박사학위 논문을 읽어봤소?"

"죄송합니다."

"봉분으로부터 30m까지로 되어 있지 아마. 그 후에 이 길이는 심봉섭, 최규석, 남오우 등 세 사람이 다시 확인해서 입수 변화와 입수 무변화의 차이를 구별했다지요?"

"승상께서 이미 다 읽어보셨군요."

"용어는 명확하게 정의해두어야 서로 간에 의미전달이 명확해지는 거 아니오."

"앞으로 명확한 의미전달에 신경을 쓰겠습니다."

손권이 이야기한 순역경사는 순경사와 역경사를 의미한다. 이 용어는 최주대 박사가 제안한 생각으로 용어도 최 박사가 제안해서 학문적인 용어로 다듬은 것이다. 최 박사는 영남대에서 박사학위를 취득한 2007년 이후, 약 10여 년을 겸임교수로 재직하면서 풍수의 과학화를 위해 많은 노력을 하고 있다.

✤ 입수변화와 암괴의 접촉 ✤

모든 묘소는 능선에 있거나 능선 사이의 비탈에 있다. 묘소 뒤로 연결된 능선을 내룡이라고 한다. 내룡은 변화 없이 한 방향으로 내려와 봉분까지 연결된 경우를 입수 무변화, 좌우나 상하로 내룡이 변화하여 봉분으로 연결된 경우를 입수 변화라고 부른다.

조조는 손권에게 입수 변화에 대하여 물었다.

"손 선생, 입수에 변화가 있다는 것은 어떤 뜻이오?"

"능선이 좌우로 그 방향을 틀거나 능선이 상하로 굴곡이 있다는 뜻입니다."

"그건 이미 이야기한 것이고. 입수에 변화가 있다면 산이 어떻게 이루어져 있다는 것이오?"

"무슨 말씀인지."

"산의 능선은 무엇으로 이루어져 있는가, 그걸 묻는 거요?"

"흙이나 바위이지요."

"그럼, 그 아래는요?"

"바위이겠지요."

"바위가 아니라 거대한 바위 덩어리, 즉 암괴라는 걸 모르오?"

"아, 예. 암괴……."

"능선의 진행 방향이 서로 다르다는 것은 서로 다른 암괴가 붙어 있다는 뜻이고요."

"예. 그렇군요."

"상하로 기복이 있다는 것도 진행 방향이 같은, 서로 다른 암괴가 붙어 있다는 뜻이겠지……."

"예."

"즉, 입수에 변화가 있다는 것은 봉분이 있는 곳의 암괴와 입수 1~2절 사이의 암괴가 서로 붙어 있다는 뜻이오."

"정말로 그러합니까?"

"입수에 변화가 없다는 것은 능선 길이가 최소한 30m 이상인 거대한 암괴가 하나로 되어 있다는 의미요."

"길이가 긴 암괴는 어떤 문제가 있습니까?"

"긴 암괴는 지진이나 지각 변동에 매우 취약하겠지요. 왜냐하면 암괴가 진흙처럼 끈적끈적하다면, 즉 점도가 낮다면 지각변동이나 지진에도 부러지지 않겠지만, 암괴는 매우 딱딱하고, 단단해서 잘 깨져서 균열이 쉽게 발생하거나 작은 크기의 암들이나 암편으로 부스러질 가능성이 많아요."

"그렇게 되면 무슨 일이 생기나요?"

"비가 오면 물이 균열의 틈이나 암편들 틈으로 스며들어가 있을 가능성이 많아지겠죠."

"그래서 이곳에 묘를 쓰면 관 속으로 물이 스며들 수 있겠네요."

"옳거니."

"그래서 명당 묘소가 될 수 없다. 즉, '입수 무변화는 명당이 아니다'는 말씀이고요."

"손 선생은 역시 명석해요."

"아닙니다. 승상께서 깨우쳐주시는 방법대로 하니까 너무 쉽게 이해가 됩니다."

"명장 밑에 명졸 있다……?"

"예."

✤ 순경사와 암괴의 방향 ✤

이제는 순역경사에 대하여 토론을 해야 하는데 손 선생이 능선과 내룡의 생성, 그 형상에 대해 어느 정도 이해를 하였으니 앞으로는 조금 쉽게 진행될 것으로 보였다. 그런데 입수 변화와 순경사와 같은 개념은 유비와 같은 전통풍수의 고정관념에서 헤어나기 어려운 사람들에게 반드시 이해시켜야 할 필요가 있었다.

"손 선생, 유 선생을 모셔 오시게."

"예."

잠시 후에 눈에서 총기가 사라진 사람처럼, 도살장에 끌려오는 소처럼 유비가 나타났다.

"승상께서 무슨 일로 부르셨습니까?"

"오늘은 내룡의 좌우회전에 대해서 토론을 해보려고 하오."

유비는 내룡의 좌우회전은 선후배 풍수가들이 늘 확인하던 것이라 다소 마음이 놓였다. 하지만 혹시라도 승상의 날카로운 질문에 창피를 당하지 않도록 조심하자고 유비는 굳게 결심했다.

"무얼 그리 생각하시오?"

"아무것도 아닙니다."

"유 선생, 풍수에서 내룡의 우선룡이라는 게 뭐요?"

"승상께서도 잘 아실 것으로 믿습니다만 우선룡이라는 것은, 내룡이 주산으로부터 내려와 봉분에 이르기까지 좌로 우로 계속 방향을 바꿀 때 묘소에서 주산을 바라볼 때 좌에서 우로 바꾸는 것을 우선룡(右旋龍)이라 합니다."

"모처럼 명쾌한 답을 들었소. 좌선룡은 그와 반대겠군."

"예. [그림 4]처럼 우선룡에서 용의 우측에 있는 '가'에서 암괴의 표면 높이가 왼쪽이 높고 오른쪽이 낮으면 표면의 경사는 왼쪽에서 오른쪽으로 낮아지는 형태가 됩니다. 이런 경우를 순경사라 합니다. 능선이 분수령이면 빗물은 자연스레 능선에서 오른쪽으로 흘러내리게 됩니다."

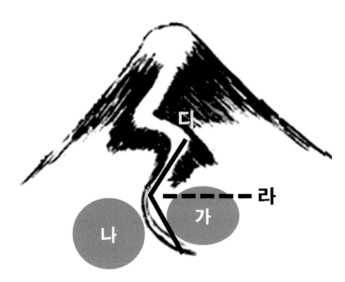

[그림 4] 우선룡에서 순경사

"다시 말씀해주세요."

"총명하신 손 선생이 웬일로……. '다'의 우선룡이 있으면 '라'의 계곡이 생깁니다. '가'의 경사가 능선 쪽이 높고 우측이 낮다면 '순경사'라 하는데, 빗물은 능선에서 경사진 '가'의 표면을 따라 흘러서 계곡 '라'로 자연스럽게 흘러갑니다. 이런 경우를 순경사라 합니다."

"이제 알았습니다. 경사가 반대가 되면 역경사라 합니까?"

"그렇습니다."

❋ 순경사와 역경사 ❋

"역경사와 순경사의 차이는 무엇이오?"

"경사 자체가 차이 납니다."

"그건 알겠는데, 이것이 묘소에 어떤 영향을 주는지 물어본 것이오."

"글쎄, 어떤 차이가 있는지 생각해보지 않았습니다."

"에끼 이사람! 실컷 이야기해서 결론 근처까지 와서는 생각해보지 않았다고 하면 다 되는 것이 아니잖소."

"결론까지 왔다구요?"

"생각해보세요. '가'의 암괴에 묘를 썼다고 하면 순경사일 때는 지표의 빗물은 몽땅 흘러내려 계곡으로 갈 것이고, 땅속으로 스며든 물도 지구중력 때문에 아래로, 아래로 내려가 계곡으로 빠지지 않겠소?"

"아, 그래서 '묘의 광중에 물이 고이지 않는다, 그래서 명당이 될 가능성이 있다' 이런 말씀인가요?"

"손 선생은 머리회전이 매우 빠르군. 슈팅찬스는 유 선생이 만들고, 손 선생이 골인시킨 꼴이오."

"죄송합니다."

"역경사일 때는……?"

"반대로 물이 능선 쪽으로 모여 물이 잘 빠지지 않는 경우도 있어 명당이 될 수 없겠는데요."

"방금 이런 논리는 '광중에 물이 오랫동안 혹은 잠시라도 정체하면 비명당이다'라는 가정하에서는 맞는 말이오."

"이런 곳도 명당이 될 수 있다는 말씀인가요?"

"그런 뜻이 아니라, 모든 가능성을 열어두자는 것이오."

"그러면 명당에서는 역경사도 발견되었습니까?"

"명당에서는 모두 순경사이거나 경사가 없는 평경사였소."

"평경사……?"

"평경사는 경사도가 거의 0%에 가까운 것을 말하는데, 보통 묘지 조성을 하면서 경사를 인위적으로 0%로 만들어버리는데, 오랜 세월이 지나면 자연의 복원력 때문에 원래의 형체가 약간 발견되는 거요."

"그러면 0% 경사도는 인위적이라는 말씀인가요?"

"자연적인 것과 인위적인 것 모두 있었소."

"그래서 편의상 순경사의 범주에 포함시켰다는 거네요."

✽ 용호환포 ✽

용호환포는 묘소 주변에 있는 산들이 묘소를 감싸고 있는 상태를 평가하는 수단이다. 많은 풍수가들이 용호의 환포상태를 잘못 판단하는 오류를 범하고 있다. 요즈음에는 2차원 지형도와 3차원의 실형도 등을 손쉽게 구할 수 있고, 컴퓨터를 이용하여 여러 가지 형태로 변환도 가능하여 손쉽게 환포상태를 평가할 수 있다. 이때 용호의 기능과 환포에 대한 정의가 환포상태의 평가에서 매우 중요하다고 할 수 있다.

"유 선생, 묘소에서 용호의 환포가 중요한 이유가 뭣이오?"

"외부의 급격한 변화로부터 묘소를 보호하는 것이 가장 주된 기능입니다."

"환포는 여러 겹으로 된 것이 용호가 전혀 없거나 홑겹보다 좋겠구려."

"그렇습니다."

"그럼 용호가 없으면 보호 기능이 없어서 명당에 해당하지 않을 가능성도 있겠네요?"

"그렇다고 봐야 되지 않겠습니까?"

"그렇다면 질문이 있소. 하남 풍수에서 이야기하는 네 종류의 명당 혈 중에서 용호가 없이 혼자 있는 돌혈은 어째서 명당에 해당하오?"

"승상, 그 경우에는 돌혈 주변에서 혈을 감싸고 있는 용호를 발견할 수 있습니다."

"소위 선익이나 전순에 해당하는 것을 용호로 평가할 수 있다는 것이오?"

"선익과 전순도 혈을 보호하는 기능을 한다고 생각합니다."

"그런 논리라면 암괴상의 주름도 혈을 보호한다고 주장하겠군요. 여러 풍수서(書)에 의하면 나름대로 명칭과 그 기능을 설명해두었소. 언젠가는 이런 용어들이 서로 통일되어 의사전달이 원활하게 이루어지길 기대하오. 용호의 환포에 대한 것은 2008년에 발표한 박기환의 박사학위 논문이 가장 체계적이라 생각하니 필독을 권하오."

"박 박사는 4종류의 내외용호의 배열을 16종류로 분류하여 그 후손의 가족화합을 조사했습니다. [그림 5]가 16종류의 용호 배열인데, 용과 호가 서로 어울려 [그림 6]과 같이 1개 이상의 폐곡선을 이루면 용호가 환포한다고 정의했습니다."

"용호의 정의와 이것이 후손에 미치는 영향을 가장 정확하게 설명했다네."

"환포된 용호가 없으면 가족 화합이 어렵다는 것이지요. 다르게 표현하면 가족 간의 사이가 멀어진다, 부부간에 화합이 어려워 이혼을 하거나 결혼을 하지 않는다 이런 뜻인가요?"

"거의 맞았다네."

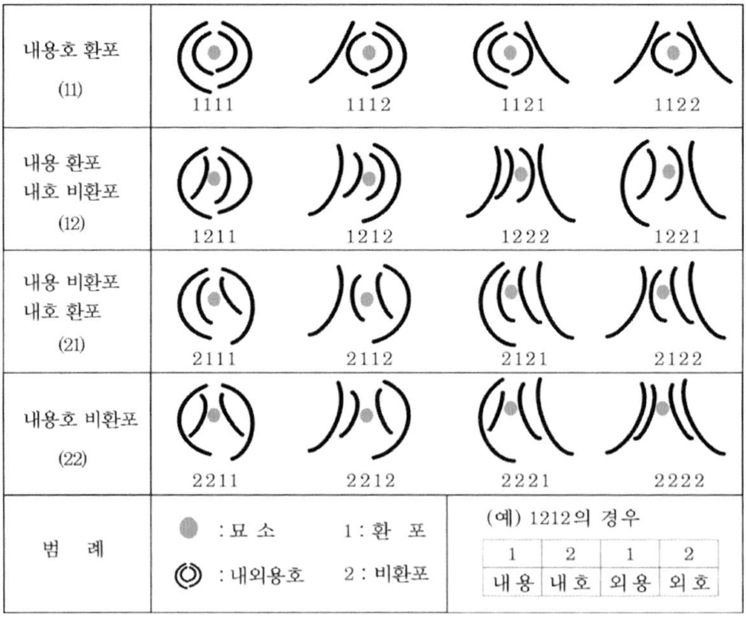

내용호 환포 (11)	1111	1112	1121	1122
내용 환포 내호 비환포 (12)	1211	1212	1222	1221
내용 비환포 내호 환포 (21)	2111	2112	2121	2122
내용호 비환포 (22)	2211	2212	2221	2222

범 례	● : 묘 소 1 : 환 포 ◎ : 내외용호 2 : 비환포	(예) 1212의 경우

(예) 1212의 경우

1	2	1	2
내용	내호	외용	외호

[그림 5] 내외용호의 16종류

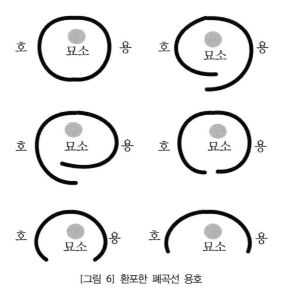

[그림 6] 환포한 폐곡선 용호

5. 명당과 비명당

"이제 입수변화, 순경사, 용호환포가 명당이 되기 위한 제1조건이라는 것을 명심하고, 이런 조건을 갖추지 못한 묘소에 대한 것을 토론해봅시다."

"이런 조건을 갖추지 못하면 무조건 비명당입니까?"

"심봉섭, 최규석, 남오우의 박사학위 논문에 따르면 확실히 비명당에 해당하지요?"

"예."

"그들의 연구결과에 의하면 비명당의 정도를 수학적으로 계산할 수 있다고 하였는데 확인해보았소?"

"역경사일 경우가 가장 나쁘고, 순경사이면서 입수무변화인 경우나 용호 비환포는 나쁜 정도가 심하지 않았습니다."

"무엇이 나빴다는 거요?"

"후손 수의 변화와 3~4대 후손 증가율, 3대에서의 출산 수, 3대에서의 절자율로부터 평가하였습니다."

"역경사일 때가 가장 나쁘다고 평가한 이유는 뭣이오?"

"3대에서의 절자율이 가장 높아서 거의 40%에 근접하였고, 출산수도 명당의 경우에 비하여 평균 1명가량 적어서 결과적으로 3~4대 후손 증가율이 최악으로 나타났습니다. 0.8~1.0배 정도로 후손수가 줄어들었습니다. 명당의 손절의 경우 2.0배 이상과 비교하면 매우 큰 차이입니다. 역경사는 후손이 줄어들고, 명당의 손절은 폭발적으로 후손이 증가하며, 나머지는 정체상태이거나 약간 증가하는 것으로 나타났습니다."

"참으로 특이한 일이로고."

"특이한 것이 하나 더 있었는데 순경사이면서 입수 무변화인 (용호환포) 경우에는 3~4대 후손 증가율이 1.5~1.7배로 비교적 높았습니다."

"명당 묘소는 아니지만 후손 수는 늘어난다는 의미로군."

✽ 무해무득 묘소 ✽

일부 풍수가들은 무해무득한 곳이 있다고 한다. 도대체 무슨 말인가?

조조는 유비와 손권을 초청하여 무해무득인 묘소에 대해 토론했다.

"손 선생, 후손 수 증가로 볼 때 무해무득한 곳이 있었소?"

"후손 수만 고려하면 명당이 '순경사-입수변화-용호환포'였던 데 반해 무해무득한 경우는 '순경사-용호환포'는 같고 입수무변화형이 해당하였습니다."

"무해무득이라면 다른 것에도 무해무득하다는 거요?"

"대체로 그렇게들 생각하고 있습니다."

"명당 묘소는 모든 부분에서 다 좋다고 생각하시오?"

"대체로 그렇게 생각하고 있습니다."

"명당 묘소의 발복을 부귀손이라 했소. 그런데 그 말은 명당 묘소에서는 세 가지가 모두 충족된다는 뜻으로 들리오."

"그러고 보니 앞뒤가 맞지 않습니다."

"그러면 어떻게 고쳐야 하오?"

"명당 묘소에서는 세 종류의 발복 중에서 한 가지 이상이 반드시 실현될 가능성이 있으나, 비명당 묘소에서는 한 가지조차도 실현될 가능성이 없다는 겁니다."

"훌륭하게 정리가 되었소."

6. 보통사람들의 음택인 비명당

비보풍수라는 것이 있다.

풍수지리의 이치에 따라 결함이 있는 것을 보완하기 위해 나무를 심거나 돌탑을 쌓는 행위를 말한다. 조조는 이에 대하여 가장 민감한 손권을 불렀다.

"비보풍수도 실현 가능하다고 생각하시오?"

"지금까지는 그렇게 믿었습니다."

"이제는······?"

"승상과 토론한 이후로 생각이 바뀌었습니다."

"왜죠?"

"명당은 지상의 환경에 따라 변하는 것이 아니라, 근본적으로 지질구조, 즉 땅속 구조에 의해 정해진다는 것을 명확하게 이해했습니다."

"대단한 변화요."

"인위적으로 명당 구조를 만들 수는 있습니까?"

"전혀 불가능한 일은 아니죠."

"그렇다면 비명당을 명당으로 바꿀 수 있다는 말씀이군요."

"명당을 비명당으로 바꾸는 것은 매우 쉽겠지요. 하지만 비명당을 명당으로 바꾸는 것은 쉽지 않겠죠."

"비명당으로 인한 피해는 명당의 역(逆)으로 생각하면 됩니까?"

"근본적으로 틀린 것은 아니지만, 피해라는 말이 매우 거슬린다네."

"왜 그렇습니까?"

"우리가 기준을 어떻게 설정하느냐에 따라 그 해석은 달라질 수 있죠. 명당은 (+), 비명당은 (-)로 가정하고 실제 묘소를 탐사해보세. 조선시대에 조성되어 현존하는 묘소의 경우 명당에 해당하는 것은 2~3%에 지나지 않아요. 심한 비명당은 이미 산의 일부로 돌아가 묘지의 흔적조차 남아 있지 않은 경우가 대부분이에요."

"조선시대에 조성된 묘소가 몇 기쯤 된다고 생각해요?"

"글쎄요, 엄청 많지 않을까요?"

"조선시대 평균 인구를 500만 명으로 잡으면 연간 사망자가 3만 명쯤 된다고 가정해봐요(현재 한국 인구 5,000만 중 1년 사망자 30만 명). 그런데 제대로 된 묘소는 양반들과 재산이 있는 사람들의 차지죠. 당시 인구비에서 양반층은 5~10%였는데, 그렇다면 1년에 5,000기 이내의 묘소가 조성되었겠죠. 그럼 500년 동안 대략 250만 기가 조성되었고……."

"사용되지 않은 명당이 아직도 남아 있을까요?"

"알 수 없습니다."

"현재의 한국 인구에서 연간 약 30만 명이 사망하는데, 이중 30%가 묘소에 묻힌다면 1년에 약 6만 기의 묘소가 새로 조성된다고 할 수 있죠. 이 가운데 명당에 드는 묘소는 10기도 되지 않을 거요. 약 6,000분의 1의 확률로 명당에 들어간다고 볼 때 비명당의 피해를 (-)로 계산하는 것은 의미가 없어요. 비명당의 의미를 정확하게 이해하기 위해서는 그 계산법을 새롭게 해야 하겠죠."

"어떻게 해야 합니까?"

"비명당에 의한 결과는 모두에게 일어나는 것이므로 (0)으로 설정하고, 명당에 의한 것을 (+)로 계산해야 하지 않을까요? 그래서 명당 묘소일 때는 (+)의 긍정적인 효과를, 비명당 묘소일 때는 보통의 결과를 낳는다고 하는 것이 정상적인 계산법이에요…… 그래서 '명당은 특별한 사람에게 주어지는 선물이다'라는 표현이 맞겠지요."

"명당은 특별한 사람을 위한 음택이며, 비명당은 보통 사람들의 음택이다."

그래서 정확한 표현은 '명당과 흉당'이 아니라 '특별 음택과 보통 음택' 혹은 '명당과 비명당'이다.

7. 비명당의 결과, 증손자대에서 나타나

명당처럼 비명당의 결과도 증손자대에서 나타나는지, 이에 대한 의문이 생겼다. 구체적으로 명확하게 알려진 것은 없었다. 유비와 손권의 풍수에서는 무엇이든 모호하게 설명했고, 시기나 방법과 같은 구체적인 것은 언급조차 되지 않는 경우가 대부분이었다.

조조는 두 사람을 불러서 비명당에 대한 이야기를 계속 이어나갔다.

"명당의 효과가 극대화되는 것은 증손자대인데, 비명당도 증손자대에서 그 영향력이 극대화될까요?"

"비명당의 경우도 명당처럼 증손자대에서 그 영향력이 극대화되어야 하지 않을까요?"

"<표 2>에 있는 것처럼 당연히 증손자대에서 영향이 가장 강하게 나타나는데요."

"두 분이 너무 빨리 신풍수에 적응하는 바람에 내가 오히려 당황스럽소."

"저희도 합리적인 것을 추구합니다. 풍수는 백성들에게 유익함을 제공하는 것입니다."

"한국의 묘소를 조사해보면 부부합장(광중이 2개) 또는 합폄(광중이 1개)이나 쌍분 또는 2개의 단분으로 조성된 경우가 많아요. 그런데 만약 부부 중에 한 분은 명당, 한 분은 비명당에 모셔졌다면 그 결과가 어떻게 나타날까요?"

"글쎄요."

"너무 어렵지 않나요?"

"너무 예리해서 정신이 없습니다."

"2011년에 발표된 후손 수 번성에 대한 서수환 박사의 논문에 따르면 부부가 명당 1기, 비명당 1기의 묘소에 계실 때 명당에 의한 효과는 증손자대에서 나타나고, 비명당에 대한 결과는 4대손에서 관찰되었지요."

"신기하네요."

"이게 특별한 것이라고 생각되지는 않소."

"왜요? 너무도 신기한데……."

"왜냐하면 모두가 비명당인데 특별한 경우에만 명당이 존재하므로 명당의 시효가 끝나면 평균적인 경향인 흉당으로 돌아온다고 생각하면 되겠죠."

"아, '비명당은 보통사람의 묘소이므로 특별히 고려할 필요가 없다' 이 말씀이군요."

"역시 손 선생이군."

"명당과 비명당이 공존하는 경우를 구체적인 예를 들어서 설명해 주시겠습니까?"

"나의 4대 조부모의 경우를 예로 들어보죠. 한 분은 후손이 아주 많은 손절 명당에, 다른 한 분은 급경사지의 비명당에 모셔져 있죠. 그분들의 장남은 29명의 아들, 손자, 증손자를 두었고, 차남은 10명, 3남은 12명, 4남은 43명의 후손을 두었어요."

"와, 후손이 어마어마합니다."

"3~4대 증가율은 2.4배로 후손 수 증가율이 높은 묘소였는데 4~5대에서는 1.4배로 급락하여 후손 수 증가율이 매우 낮았죠. 이처럼 부부가 명당과 비명당에 각각 나뉘어져 있으면 명당에 의한 효과는 3대에서, 비명당에 의한 효과는 4대에서 나타난다고 할 수 있어요.”

8. 쌍분, 합장, 합폄

많은 묘소들이 쌍분, 합장, 합폄 형태로 조성되어 있다. 상식적으로 이곳이 명당 묘소라면 당연히 부부가 모두 명당에 계실 것으로 생각하지만 전자파, 전기, 자력탐사를 통해 조사해보면 이 중에서 한 사람만 명당에 위치한 경우를 자주 만난다.

그런가 하면 아주 드물게도 부인이 2명 이상인 경우에는 3연릉 형식도 있지만 세 사람을 하나의 봉분 아래에 모신 경우도 있다. 이 경우 일렬로, 차례대로 배열한 경우가 대부분이며 품(品)자 형태로 배치한 경우도 발견되었다. 이런 경우의 후손 번성은 어떻게 달라질까?

두 사람은 이런 경우를 접할 기회가 없었을 것이다. 기록이나 서책을 통해서만 공부를 해온 사람들이라 현장 경험이 별로 없었을 테니.

“명당 묘소가 쌍분일 때 대부분 두 분 모두 명당으로 탐사됩니까?”

“그 반대에요.”

“반대라면 일부만 명당이라는 말씀인가요?”

“지난번에 명당 혈은 타원형이며 그 크기가 정해져 있다고 했지요.”

"예."

"그러면 그 좁은 공간에 쌍분 형태로 두 분이 계시는데 어떻게 명당의 혈에 정확하게 들어갈 수 있을까요?"

"당연히 어렵겠군요."

"어려운 것이 아니라 불가능하죠."

"한 분만이더라도 혈의 중심이 어딘지 모르는데 어떻게 정확하게 들어갈 수 있겠소?"

"당연히 불가능하겠습니다."

"대부분은 명당의 중심인 혈에 위치하지 못하고 신체의 일부만이 위치하죠. 그 이유는 명당에 있는 혈의 규모로부터 유추할 수 있어요. 혈의 규모는 대체로 2.5~4.0m인 타원이었는데, 쌍분일 때 봉분 사이의 간격은 4m 이상인 경우가 대부분이죠. 그래서 한 사람이 정위치했다면 다른 한 사람은 혈에서 완전히 벗어난 곳에 위치하겠죠. 대체로는 부분적으로 혈에 시신의 일부가 걸쳐 있었던 거요."

"손 선생, 한 분을 모신 단분이나 두 분이 계신 쌍분묘 또는 합분 묘라고 있지요?"

"예. 부부 두 분을 모신 경우에 2곳의 단분, 1곳의 쌍분이나 합분이 일반적입니다."

"부인이 두 분 이상인 경우에는 3곳의 단분이나 세 쌍분을 만드나요?"

"예. [그림 7]처럼 삼연릉이나 품(品)자형 묘소도 있었습니다. 롯데그룹 신격호 회장의 증조부모의 경우에는 3곳의 단분으로 조성되어 있고, LG그룹 구자경 회장의 증조부모 묘소는 [그림 7]의 (a)처럼 삼연릉, 금호그룹 박삼구 회장의 증조부모는 [그림 7]의 (b)처럼 품자형으로 조성되어 있었습니다.”

“쌍분보다 규모가 큰 세 쌍분, 혹은 3연릉의 경우에는 당연히 일부만이 혈에 위치하겠군요?”

“물론이오.”

“애석하군요.”

“그런데 어떤 곳에서는 모두 다 혈에서 벗어난 경우도 있었죠. 정말로 묘한 일이라 생각했고, 이해가 되질 않았어요.”

“합장이나 합폄의 경우에도 쌍분처럼 봉분이 혈의 중심에 위치하지 못한 경우도 있었겠네요?”

“당연히 그렇죠. 심지어는 세 분을 합장한 경우에 단 한 분만이 혈에 위치한 경우도 찾아냈어요. 너무 이상해서 그 가문의 족보를 조사했더니 시신이 안치된 상태로 후손 번성이 나타난 것을 확인했는데, 놀랍더군요.”

[그림 7] 다양한 묘지 형태: (a)삼연릉, (b)품자형 묘소

✱ 품(品)자형 묘소 ✱

의학이 발전하지 못했던 수백 년 전의 조선시대에는 여러 가지 이유로 부인과 일찍 사별한 양반들은 젊은 처녀를 후취하여 두 번 이상 결혼한 경우가 매우 많았다. 부인이 출산 중에 혹은 출산 후유증으로 사별하는 경우도 많았는지 많은 경우에 슬하에 자녀가 없었다. 필자와 친분이 있던 M은 3곳의 단분을 한곳에 모으면서 품자형 묘소를 조성했다.

"호남을 대표하는 기업인 금호 그룹의 박삼구 회장의 증조부모 묘소가 품자형인 것으로 확인되었습니다."

"어떻게 아셨소."

"그 댁의 족보에 기록되어 있었습니다."

"박 회장의 형제자매들이 활발하게 사회활동을 하는 것으로 미루어볼 때 아마도 품자형 묘소가 명당임에 확실합니다."

"그렇겠지요."

"그 묘소가 혹시 [그림 7]의 (b)가 아닌가요?"

"맞습니다."

"묘소 관리가 매우 잘 되었군요."

"그 가문의 모든 묘소가 매우 잘 관리되고 있지요. 국립묘지보다 훨씬 잘 되어 있는 것 같더군요."

"대단한 가문입니다. 선대 회장의 인품으로 미루어보아 2대 회장들의 인품도 매우 훌륭할 거요."

"품자형 묘소의 후손 번성이 궁금합니다. 그 가문의 가계도로부터 해석할 수 있을까요?"

"당연히 해석 가능하지요. 가계도를 구했나요?"

"최 박사가 작성한 가계도가 [그림 8]에 있습니다."

"박 회장의 5대 조부는 당상관인 첨지중추부사와 절충장군을 지낸 필경으로, 슬하에 4남을 두었습니다. 막내아들인 4대조부인 성규는 전남 나주 구수봉의 유명 묘소에 계시며, 슬하에 3남을 두었습니다. 장남인 종9품 참봉을 지낸 3대 조부(증조부)인 종면은 4남을 두었고, 4남인 조부 옥용은 슬하에 역시 4남을 두었는데, 조부는 3남인 부친인 선대 회장은 5남을 두었습니다. 박 회장의 10촌 남자 형제 수만 77명이고, 6촌 형제 수만 34명입니다. 여자는 빼고. 자손 번성이 대단한 가문입니다."

"박 회장의 증조부모에 국한해봅시다."

"박 회장의 형제자매는 8남매입니다. 큰형은 미국 예일대 박사인 성용으로, 대통령보좌관, 서강대 교수, 광주과기원 이사장을 지냈습니다. 큰 누나는 경애로 삼화고속 배 회장의 부인이며, 둘째형 정구는 전경련과 경총 부회장을 지냈고 부인은 국회의원을 지낸 김익기 씨의 따님입니다. 둘째누나 강자는 금호미술관장으로 남편은 미국 루이지애나 대학 교수를 했던 강대균 PSMC 대표입니다. 박 회장의 부인은 이정환 재무장관의 따님이며, 동생 찬구는 금호석유화학 회장으로 경남투자 위창남 대표의 따님이 부인입니다. 여동생 현주는 임창욱 대상회장의 부인이며, 장녀는 삼성 이재용 부회장의 부인이었고, 막내 동생 종구는 미국 시라큐스 대학 박사로서 교육부 2차관, 현재 초당대학 총장으로 있습니다."

"창업주 회장의 동생 박균한은 어떻습니까?"

"박회장의 숙부 균한은 광주경찰서장, 금호그룹 부회장을 지냈고,

슬하에 6남을 두었습니다. 장남 형규는 미국 뉴욕주립대 교수, 차남 병규는 미국에서 박사학위를 하고 국무총리 비서관을 지냈으며, 6남 명구는 금호전기회장 등으로 이분들도 대단한 사람들입니다."

"인촌 선생의 가문에 버금가는 가문이군요."

"증조부에게 두 분의 부인이 있었다고 했지요?"

"예. 첫째 부인은 광산김씨로, 슬하에 1남을 두었고, 둘째부인은 경주최씨로 슬하에 3남을 두었습니다."

"자손 수 번성으로만 평가해서 세 분의 위치에 대한 명당 여부를 확인해봅시다."

"그게 가능할까요?"

"먼저 장남은 첫째부인의 소생으로 3-4대 증가율이 3.00배이고, 증손자의 수는 4명입니다."

"차남은 둘째부인의 장남으로 3-4대 증가율이 0.75배이고, 증손자 수는 4명입니다. 3남은 1.43배 이고 증손자 수는 16명입니다. 4남은 후손이 없습니다."

"첫째부인과 둘째부인을 분리해서 분석해보시게."

"첫째부인은 3-4대 후손 수 번성에서 3.00배로 입수변화-순경 사-용호환포의 조건을 만족하며, 전순완경사 조건을 만족하는 묘소입니다."

"둘째부인은 3-4대 후손 수 번성이 1.8배보다 훨씬 낮으므로, 입수변화-순경사-용호환포의 조건을 만족하며, 전순급경사 조건을 만족하는 묘소에 해당합니다."

"이건 탐사하여 측정한 겁니까?"

"아닙니다. 남오우 박사의 연구결과 따라 후손 수 번성과 묘소의 지형조건 간의 상관관계로부터 평가한 것입니다.”

“첫째와 둘째 부인이 같이 계시는데도 실제로 지형조건이 다르다는 것인가요?”

“이 결과는 명당인가 아닌가 하고는 아무런 관계가 없습니다. 단순히 지형조건과의 관계입니다.”

“명당 여부를 평가하면 명확해진다는 뜻인가요?”

“그렇지요. 증조부는 입수변화-순경사-용호환포의 조건을 만족하며, 전순완경사 조건을 만족하는 묘소이지만, 다른 묘소의 지형조건에 따라 변할 수 있겠지요. 게다가 명당이냐 아니냐에 따라 후손의 사회활동은 완전히 달라지겠지요.”

“명당 여부를 확인합시다.”

“첫째부인의 후손은 사회활동이 드러나지 않습니다.”

“둘째부인의 후손은?”

“막내아들은 후손이 없고, 장남은 후손도 별로 없는데다 사회활동도 드러나지 않는데요.”

“가운데 아들 후손들만 두드러진다는 뜻인가요?”

“앞에서 말한 후손들의 활발한 사회활동은 모두 이분의 후손입니다.”

“만약 증조부가 명당에 해당한다면 많지는 않아도 사회활동이 활발한 후손들이 첫째부인의 후손에서도 관찰되어야 하는데, 전혀 없다는 것은 증조부의 자리가 혈에 해당하지 않는다는 뜻이군요.”

“첫째부인도 명당 혈에 계시지 않는다는 의미인가요?”

"그렇지요. 오로지 둘째부인만이 혈에 자리하고 있다는 뜻이지요."

"그건 품자형 묘소에서 둘째부인의 자리만 혈에 해당한다는 의미이군요. [그림 7]의 (b)에서 좌상의 네모가 혈에 해당하고, 타원이 혈의 모양을 보여주는 것이군요."

"정확하군요."

"이러한 묘소에서 혈의 위치는 간단하게 찾아낼 수 있었나요?"

"봉분이 조성된 경우에는 대체로 주변을 깔끔하게 정리하기 때문에 원래의 지형을 찾아내기 어렵죠. 그래도 세밀하게 관찰하면 여러 곳에 있는 문제점을 찾을 수도 있지만. 정확하게 판정하기 위해서는 전자기 장비를 이용해서 탐사할 필요가 있어요."

"누구나 쉽게 이런 장비를 사용하여 탐사가 가능합니까?"

"후학들을 훈련시켜 보았는데 쉽지 않아요. 기본적으로 전자기학에 대한 이해가 있어야 하고, 지질구조, 광물학, 고체의 구조 및 결함 등에 대한 사전지식이 있어야 하니까……."

"이런 분야의 후학을 양성하는 기관의 필요성은 있습니까?"

"한국학이나 인류학 연구가 목적이라면 필요하다고 생각하죠."

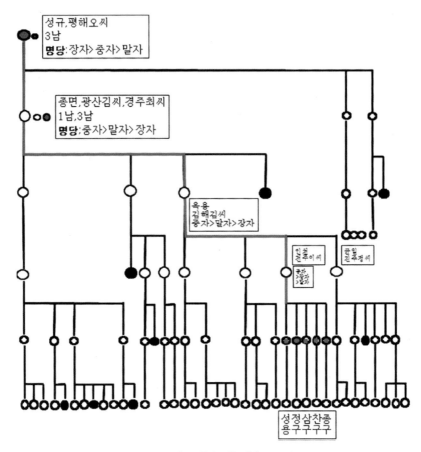

[그림 8] 금호그룹 가계도

제4장

명당 묘소와 발복

조조는 발복(發福)이란 말을 좋아하지 않았다. 많은 사람들이 '구체적으로 누구에게, 어떻게, 좋은 일이 일어나느냐'는 질문을 조조에게 해오곤 했다. 그때마다 조조는 화를 냈다. 어떤 손자가 나서 그의 자녀 중에서 어떤 사람이, 아니 구체적으로 몇 번째가 무얼 할 것이라고 한다면 귀신 곡할 노릇이라 하지 않을까. 그래도 과학적 '힌트'라도 줄 수 있는 방법이 있다면 한 번 찾아보자. 희망이 담긴 메시지는 고래도 춤추게 하니까.

1. 발복은 누구에게

명당 묘소는 증손자녀 모두에게 좋은 일이 생길까? 수많은 증손자들 중에서 극소수만이 여기에 해당할까? 그렇다면 과연 누구에게……?

조조는 묘소가 있는 현장에서 후손의 상태와 묘소형상 간의 상관성을 가장 잘 연결하고 설명할 수 있는 사람으로 유비를 떠올렸다. 하지만 분석적이고 머리가 명석한 손권의 도움도 필요하므로 묘소 탐방에 두 사람을 동행시켰다.

"만약 증조부의 묘소가 명당인데 3명의 아들이 있다면 사회활동이 활발한 후손이 어느 아들의 손자녀인지 알아볼 방법이 있을까요?"

"제가 속한 계파에서는 이를 장자 중자 말자 발복지라고 하여 발복이 어느 아들 후손에게서 나타나는지를 예단합니다."

"장자의 후손에게서 나타나면 장자 발복지, 중 말자는 중말자 발복지라고 합니까?"

"그렇습니다. [그림 9]는 김황식 총리 가문의 가계도입니다. 증조부모의 묘소가 명당인데, 장남인 영호의 증손자대에서 숫자도 많고 사회활동도 매우 활발합니다. 국무총리, 병원장, 1급 관리관인 농진청 차장, 직선 군수, 국무총리를 지낸 증손자들과 만석군 부인, 재벌부인, 대학총장을 지낸 증손녀들이 나왔습니다. 중자나 말자의 후손들과는 확연히 다릅니다."

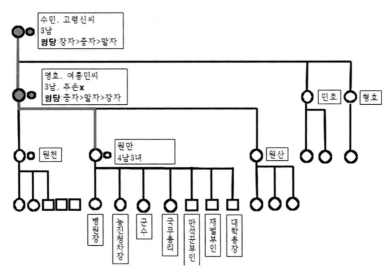

[그림 9] 김황식 총리 가계도

"이 정도라면 장자 발복이라고 할 수 있겠는데요."

"3형제 중에서 가운데만 잘 되는 경우도 있나요?"

"금호그룹이 대표적인 경우입니다. 같은 증조모의 후손들 중에서 가운데 아들의 후손만 번성한 경우이지요."

"[그림 10]이군요. 삼형제 중에서 막내아들은 후손이 없고, 큰아들은 후손도 적고 사회적인 활동도 드러나지 않고 중간 아들의 후손만 대단하군요."

"실로 어마어마한 후손 번성이네요."

"이렇게 차이가 나는 경우는 흔한가요?"

"별로 흔한 경우는 아닙니다. 보통은 3명의 아들 중에서 특정 아들의 후손이 다른 후손에 비해 못 미치는 정도입니다."

"막내아들의 후손만 번성하는 경우도 있겠네요?"

"물론 있지요. 대표적인 경우가 일본 소프트방크의 손정의 회장 가문이지요."

"손정의 회장이 한국인의 후예입니까?"

"손 회장의 조부모가 일본으로 건너가서 정착을 한 후에 손 회장의 부친인 손삼헌과 그의 형제자매들이 많은 돈을 벌었고, 손 회장과 그의 막내 동생이 세계적인 재벌이 되었지요."

"손회장의 가계가 [그림 11]입니다. 증조부에게는 종희와 종경 2명의 아들이 있는데, 막내인 종경의 후손들만 번성한 경우입니다. 증손자의 수도 종희는 2명, 종경은 8명으로 4배나 되고, 종경의 손자 중에는 세계적인 재벌이 무려 2명이나 나왔고, 다른 손자들도 모두 일본에서 대단한 재력가로 알려져 있습니다."

"아들이 두 명인 경우에는 장자와 말자, 3명인 경우에는 장자 중자 말자로 구별되는데, 아들이 한 명일 경우에는 어떻게 되나요?"

"좋은 질문일세. 한 명일 때는 장자 중자 말자를 따지지 않고 모든 것을 받는다고 생각하면 간단하다네."

"저의 계파에서는 아들이 혼자일 때는 그 아들의 아들을 장자 중자 말자로 나누어서 구분합니다. 만약 증조부 묘소가 명당이고, 장자 발복지라면 1명뿐인 아들에서는 구분이 안 되므로 손자가 3명이면 장손자가 발복한다고 합니다."

"통계적으로 확인해보았소?"

"확인한 것은 아닙니다."

"여기에 원칙이 있어요."

"장자 중자 말자는 바로 한 대에서만 따져야 된다는 것이오. 나중에 이것에 대해 자세히 확인해봅시다. 통계학적으로 분석한 후에 법칙으로 채택해야 하오."

"무슨 말씀인지 잘 알겠습니다."

"다시 강조하지만 통계학적으로 분석 확인한 다음에 법칙으로 적용해야만 하오. 유의성도 없는 것을 마치 근거가 있는 것처럼 말하면 안 되지만, 근거가 명확한데도 그것을 받아들이지 않는 것도 안 되오."

"전통풍수에서는 왜 근거가 명확하지 않은데도 법칙인 것처럼 주장하지요?"

"아마도 관념에서 출발했기 때문에 경험에서 출발한 현대과학의 논리 벽을 넘기 어려웠을지도 모르지요."

"현대과학의 핵심은 무엇입니까?"

"대단히 중요한 질문을 하셨소."

"과학에서는 재현성과 객관성 및 보편성, 이 세 가지를 가장 중요하게 생각하지요."

"객관성이라는 것은 주관적인 것을 배제한다는 뜻입니까?"

"그렇지요. 객관적인 입장에서 타당해야 하지요. 나에게만 맞으면 안 되지요."

"재현성은 같은 조건과 환경에서는 항상 같은 결과가 나온다는 뜻이고, 보편성은 어디서나 같이 적용된다는 뜻입니까?"

"그렇다고 할 수 있지요. 같은 조건이나 환경에서 항상 같은 결과를 얻는데, 나뿐만 아니라 다른 사람들에게도 같은 결과, 여기뿐이 아니라 다른 곳에서도 같은 결과를 얻어야 된다는 의미입니까?"

"거의 맞았어요."

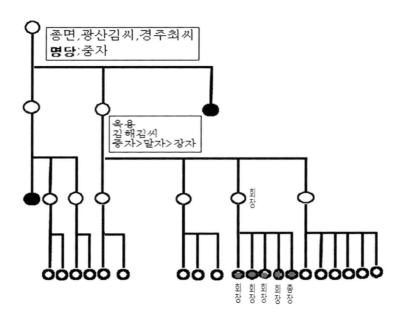

[그림 10] 박삼구 회장 가계도

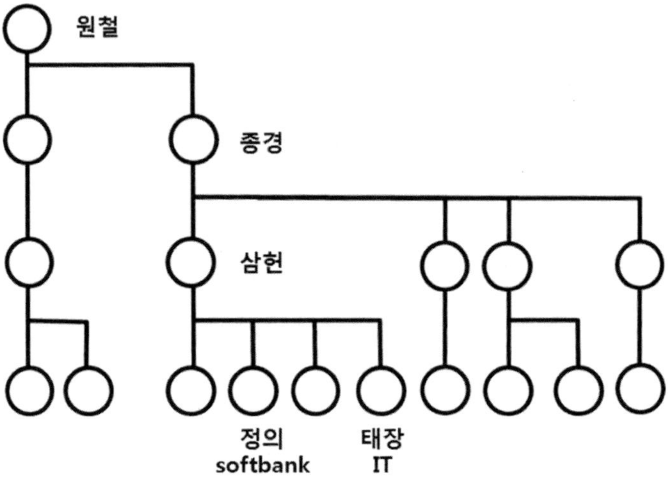

[그림 11] 손정의 가계도

☘ 전통풍수 발복론 ☘

"유 선생, 묘소의 유형을 장자, 중자, 말자 발복지로 구분할 수 있을까요?"

"예. 제가 주도하는 계파에서는 묘소 주변의 지형으로부터 장-중-말자 발복지를 구별합니다."

"구체적인 방법이 있나요?"

"물론 있습니다."

"예를 들어 막내아들인 말자 발복지는 어떤 형태죠?"

"묘소를 품고 있는 능선의 경사가 매우 완만하거나 경사가 거의 없는 곳에 봉분이 있는 경우입니다. 봉분으로부터 뒷부분의 입수까지의 길이에 비해 봉분 앞의 전순까지의 길이가 더 길 때 말자 발복지라고 합니다."

"말자 발복지에서는 봉분 뒤쪽의 입수나 봉분 앞쪽의 전순 또는 봉분이 있는 능선에 특징이 있소?"

"말자 발복지에서는 봉분에서 전순 사이가 펑퍼짐하고, 봉분 뒤쪽에 비하여 봉분 앞쪽이 가로로 훨씬 넓습니다."

"전순에도 무슨 특징이 있고……?"

"명당의 경우에는 봉분 앞의 전순 부위에 바위가 박혀 있는 것이 관찰되곤 합니다."

"전체적인 형태는 어떻소?"

"대체로 능선 모양이 위는 가늘고 아랫배가 볼록한 바가지를 엎어놓은 모양과 유사한데, 아랫배가 전순에 해당한다고 생각하면 됩니다."

"그렇다면 중자 발복지는 가운데가 아주 넓고 길쭉하게 생긴 수박처럼 생겼겠네요?"

"거의 일치합니다. 중자 발복지에서는 수박의 중간 부분의 폭이 가장 넓고, 위와 아래는 중간에 비하여 폭이 좁습니다."

"장자 발복지는 말자 발복지의 바가지를 상하를 뒤바꿔 놓은 형상이고요?"

"거의 유사하지만 거기에 조건 하나를 더해야 합니다. 더해야 하는 조건은 바로 봉분 뒤쪽의 입수 부분입니다."

"입수……? 장자라서 그런 거요?"

"입수 부분에서 능선의 경사가 변하는데, 15~40%의 (+)경사율을 가진 능선이 있어야 하며 이 경사진 능선이 15~30m 이내에서 다시 경사율이 증가하거나 감소하여 단을 이루어야 합니다."

"입수 경사에 변화가 있어야 한다는 이야기로군요."

"만약 경사 능선이 없거나 경사 능선이 변화 없이 계속 진행하면 중자 발복지가 됩니다."

"그럼 장자 발복지는 쉽게 발견되지 않겠구만……."

"실제로 장자 발복지는 전체 명당의 10~20% 정도에 지나지 않습니다."

지금까지 유비가 제시하는 장-중-말자의 발복지를 정리하면 다음과 같다. 명당 묘소가 능선에 있을 때를 말한다.

(1) 말자 발복지는 능선의 아랫부분이 볼록하다.

(2) 중자 발복지는 능선의 가운데가 볼록하다.

(3) 장자 발복지는 봉분 뒤의 입수 부분이 15~40%의 (+)경사율을 가지는 경사 능선인데, 15~30m 이내에서 경사율이 변해야 한다.

(4) 경사 능선이 없거나 경사 능선이 경사율 변화 없이 계속 진행하면 중자 발복지이다.

"명당은 능선에만 있소?"

"저의 계파에서는 명당의 형태가 네 종류 있다고 말합니다. 능선에 있는 경우는 젖가슴처럼 늘어진 모양이라고 해서 유형(乳形), 두 개의 능선이 만나는 곳에 소쿠리 모양의 공간이 형성되어 있으면 소쿠리 와(窩)자를 써서 와형(窩形), 두 개의 직선 능선이 만나는 곳에 있으면 부젓가락 겸(鉗)자를 써서 겸형(鉗形), 그리고 들판에 홀로 돌출된 형태인 돌형(突形)이 그것입니다. 다르게는 유혈, 와혈, 겸혈, 돌혈이라고 부르기도 합니다."

"와혈과 겸혈은 근본적으로 같은 형태로군."

"그렇습니다. 돌혈은 산봉우리에 있는 명당에 해당합니다."

"돌혈에는 용호가 없는 경우도 있겠군?"

"자세히 살피면 작은 규모의 용호가 있습니다."

"분포하는 비율을 따졌을 때, 돌혈이 가장 그 수가 적을 것 같은데, 어떤 형태의 명당이 가장 많소?"

"와혈이 가장 많고, 다음이 유혈, 가장 적은 것이 돌혈입니다."

"와혈이나 돌혈에서도 장자, 중자, 말자 발복지를 유혈의 경우와 같은 방법으로 나눌 수 있을까요?"

"정확하게 맞추셨습니다. 말자는 아랫배가 볼록하고, 중자는 가운데 배가 볼록하며, 장자는 입수 쪽에 경사진 산이 받치고 있습니다. 물론 경사진 산이 없거나 경사진 산의 경사율 변화가 없으면 중자 발복지가 되는 것까지 똑같습니다."

"능선에 있는 유혈의 경우에는 아랫배가 볼록하거나 중간 배가 볼록한 능선이 관찰될 수 있지만, 와혈의 경우에는 묘소 앞에 경사가 다소 있어 말자 발복지는 거의 없겠네요."

"네. 맞습니다. 와혈의 경우에는 말자 발복지가 거의 없습니다. 모두 장자 발복지로 생각할 수 있지만 입수 쪽의 경사진 산에 경사율 변화가 없는 중자 발복지는 비교적 많은 편입니다."

"돌혈에서는 입수 쪽에 경사진 산이 없으므로 장자 발복지는 거의 없을 것이고……?"

"그렇습니다. 돌혈의 경우에는 대부분 중자 발복지인데, 가끔 말자 발복지도 발견되는 수가 있습니다."

"결국 명당의 유형별로 봤을 때 중자 발복지가 가장 많다고 봐야겠소."

"네. 그래서 조선시대나 현재에도 중자나 말자 출신들 중에서 큰 인물이 많이 나타났습니다. 장자 출신은 상대적으로 비율이 낮다고 할 수 있습니다."

"명쾌한 답에 감사하오."

"감사합니다."

"그런데 이렇게 말한 것에 대한 근거는 확실하게 있겠지요?"

"그게 문제입니다."

"뭐라구요? 그게 말이나 되는 얘기요!"

유비의 반전은 맨붕 그 이상이었다. 어찌 이런 일이 매번 발생할까? 그렇다고 완전히 물리치기에도 아쉬움이 남을 것 같은 어떤 것 때문일까?

✽ 풍수과학 발복론 ✽

유 선생에게 호되게 한방 맞은 조조는 관련 문헌을 뒤지기 시작했다. 다행이 2014년도에 영남대 이문호 교수가 저술한 <명당>과 <재벌가 명당 탐사기>에 명쾌한 내용이 실려 있었다. 물론 사례 수집과 자료의 통계적 처리과정을 거친 깔끔한 결과였다. 2015년에는 배영동이 박사학위 논문으로 거의 유사한 결과를 발표했다.

조조는 흥분을 감추지 못한 채로 두 사람을 불러 자료들을 검토하게 한 뒤에 토론을 시작했다.

"유 선생, 앞으로는 절대로 근거가 불명확한 내용을 마치 이론인 양 내게 말하지 마시오. 그냥 본인의 의견이나 혹은 다른 어떤 서적에 기술되어 있다고 말하시오."

"승상께서 제가 드린 말씀을 오해하셨나 봅니다."

"뭐라고요!?"

"저는 분명히 저의 계파에서 주장하는 내용이라고 먼저 말씀드렸습니다."

"허허, 그랬나요?"

"예."

"그렇다면 오해했소. 미안하오."

이렇게 유비가 주장한 내용은 해프닝으로 종결되었다.

누구에게 발복하는지, 논리적으로 정리하는 일은 간단치 않은 일이다. 그럼에도 이것이 중요한 것은 명당 묘소로부터 부귀손 중에서 어떤 분야에 어떤 형태로 어느 규모의 인물이 태어날 수 있는데, 그 사람이 누구인가 하는 것이 중요할 수밖에 없다. 즉, 예를 들어 (1) 명당 묘소로부터 3대 후손 중에서 귀한 벼슬로 정1품직이 태어날 수 있다는 것은 명당 묘소의 주변 산형으로부터 읽어낼 수 있는데, (2) 그것이 정확하게 어느 아들의 후손인지, 또 그의 어느 아들인지, 그리고 최종적으로 그의 어느 아들인지를 읽어낼 수 있다면 어떻게 발복이 현실화되는지를 확인할 수 있다. 여기서 (1)항에 관한 것은 부귀손의 산형에 따라 분류될 수 있으므로 체계적으로 정리만 하면 해결될 문제이다. 하지만 (2)항은 그 접근 방법을 어떻게 해야 할지 막막하였다. 조조는 이 (2)항을 해결하기 위해서 우선 부딪히면서 그 해결책을 찾기로 했다. 그래서 유비와 손권 두 사람을 처소로 초청하였다. 이 두 사람을 끊임없이 초청한 이유는 다소의 문제점이 있지만 그래도 이들을 능가할 만한 인물을 찾을 수 없었기 때문이었다. 대부분의 자칭 1인자라는 사람들은 논리뿐만 아니라 그에 대한 근거도 없었다. 나머지 사람들은 매번 상황에 따라 하는 말이 달랐으므로 무엇이 그들의 견해인지를 알 수가 없었다. 특히 극소수는 현대의 논리전개와는 너무나도 거리가 멀어 그들의 주장을 이해조차 할 수 없었다.

2. 묘소의 형태와 발복

조조는 두 사람을 초청한 후에 우선 묘소를 평가하기 위해서 묘소의 형태를 정형화하는 것을 토론했다.

"이제부터 묘소를 정형화하려고 하오."

"정형화가 무슨 뜻인지요?"

"묘소를 어떤 기준에 따라 분류한 후에 각각의 묘소를 규격화하겠다는 뜻이오."

"그것이 가능할까요?"

"물론 어렵긴 하지만 가능할 것이오."

"지난번에 혈의 규모와 귀부손의 종류는 아무런 관계가 없다고 하였고, 혈의 형태도 귀부손 발복의 종류는 관계가 없다고 결론이 났습니다. 그런데 어떻게 묘소를 정형화하시려는지요?"

"이해하기가 어렵습니다."

"묘소 자체의 형태가 아니라 묘소가 있는 곳의 암괴의 형태에 따라 분류해보자는 것이지요."

"그것이 정말로 가능할까요?"

"예를 들어 묘소 봉분의 길이를 대중소로 나누어 분류하면 이런 분류가 유용하게 응용될 수 있지 않겠소?"

"그렇게 하자면 변수 선정이 중요하겠는데요?"

"모든 가능한 변수를 도출하여 분류하는 것이 우선이고, 그것이 유용한가 아닌가 하는 것은 다음 일이라오."

"예. 알겠습니다."

"묘소의 형상은 혈이 위치한 곳과 혈이 위치한 당판, 당판의 바로 앞쪽(전순), 당판의 바로 뒤쪽(입수), 그리고 입수 바로 뒤쪽 등으로 나눈 후에 그것의 모양을 여러 가지 형태로 나누어 정형화할 수 있으리라 봐요."

"그렇게 하니까 묘소가 단순하게 분류되겠습니다."

☘ 명당 묘소의 형태 ☘

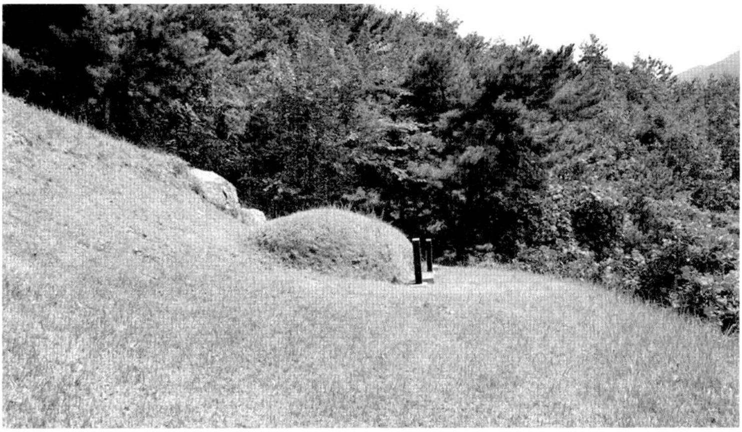

[그림 12] 묘소의 형태

"손 선생, [그림 12]의 사진은 묘소를 옆에서 본 모양이네."

"승상, 근사합니다. 누구의 묘소인가요?"

"나와 관련 있는 묘소일세."

"뭔가 분명하게 나타날 것 같은 형상입니다."

"우선 후손 발복을 쉽게 확인할 수 있는 명당 묘소에 대해서 먼저 분류해보시게."

"알겠습니다, 승상."

"[그림 12]의 사진에서 묘소의 형태를 [그림 13]처럼 나타내었습니다. 여기서 단순히 ① 입수 뒤쪽, ② 당판, ③ 전순으로 크게 분류하겠습니다."

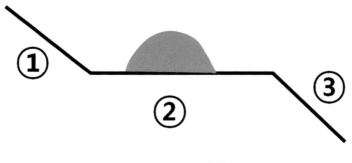

[그림 13] 묘소 유형

"세 종류로 분류한 묘소의 형상을 각각의 길이와 폭 및 경사로 이들 형상을 세분화하면 묘소의 유형을 정형화할 수 있겠습니다."

"①, ②, ③을 <표 4>와 같이 나누었습니다."

<표 4> 묘소의 분류

부분	분류	내 용	형 태
①	A	등받이 있음	
	B	등받이 변화	
	C	등받이 없음	
	D	등받이 내려감	
②	a	수평	
	b	경사	
③	1	수평	
	2	완경사	
	3	급경사	
	4	벼랑	

"역시 손 선생은 내 기대를 저버리지 않는군요."

승상이 주장한 대로 묘소의 형상을 정형화하면 <표 5>와 같다. 묘소의 등받이와 당판 및 전순으로 묘소를 3분하여 이들의 형태를 나누어 <표 5> 내에 기호로 표시하여 작성한 것이다. 예를 들어 등받이에 변화가 있고 당판이 수평이고 전순이 완경사이면 Ba2 유형으로 표시되며, Aa2는 경사율에 변화가 없는 등받이와 수평당판 및 급경사 전순을 가지는 묘소이다.

지금까지 조선시대의 명문가와 근현대의 정치가, 혹은 자손이 많은 가문의 명당 묘소로부터 그의 손자에 이르는 묘소의 장자-중자-말자 발복 형태와 묘소 유형을 분석한 결과다. 뭔가 아쉬움이 있는 듯하면서도 비교적 단순하게 분류된 이들 묘소와 가계에 대한 결과를 두고 조조는 비교적 만족스러운 느낌을 가졌다. 이제 뭔가를 도출할 준비가 된 것이다. 이 결과를 함께 검토한 손권이 말을 꺼냈다.

　"승상께서는 이 결과를 가지고 무엇을 도출하시렵니까?"

　"이제 우리는 어떤 묘소를 보고 이것이 어느 아들에게 강한 효과로 나타날 것인가를 알아낼 수 있는 방법을 찾아낼 단계에 접어들었어요."

　"그게 무슨 뜻인지요?"

　"묘소를 보고서 장자 발복지, 중자 발복지 혹은 말자 발복지라고 판정할 수 있는 기준을 만들 수 있다는 것이오."

　"정말로 가능할까요?"

　"데이터를 신중하게 정리해보면 결과를 알 수 있을 거요."

　"그것이 된다면 풍수의 역사에 한 획을 그을 만한 일이 됩니다."

　"우리는 이미 여러 획을 그었소……. 그걸 아직도 모르겠소?"

　"잘 알고 있습니다. 이미 여러 획을 그어서 완전히 새로운 세상을 열었지요."

　"이제야 본질을 이해한 듯싶군. 그 핵심에 우리가 있다는 것을 잊지 말았으면 하오."

　"이제 아마도 놀랄 만한 결과가 나올 때요."

　"정말로 굉장한 사건입니다. 말이 안 되는 일이 벌어질 순간입니다."

<표 5> 명당 묘소의 발복유형과 묘소유형

발복 유형	장자 발복지		중자 발복지		말자 발복지	
부귀손	귀손	재벌	귀손	재벌	귀손	재벌
명당 묘소 유형	Ba1	Ba3	Da2	Aa2	Db1	Db1
	Ba1	Ba3	Aa3	Aa2	Ab1	Da1
	Ba1	Ba3	Aa2	Ca2		Aa1
	Ba2	Ba3	Aa3	Aa3		Aa1
	Ba1	Ba3	Ab3			Ca1
	Ba2	Ba1	Db2			
	Ba3	Ba3	Ca2			
	Ba3	Ba3	Ca2			
	Bb2	Ba1	Ca2			
	Bb3	Bb1	Aa2			
			Da2			
소계	10	10	11	4	2	5
계	20		15		7	
총계	42					

지금까지 조사한 결과들을 모두 모아 새롭게 정리한 결과를 <표 5>에 나타낸 것이다. 여기에서 놀라운 결과가 도출되었다. 명당 묘소 42개소를 발복지별로 정리한 결과 명당 묘소의 경우에는 장자 발복지 20개소, 중자 발복지 15개소, 말자 발복지 7개소로 나타났다. 전통풍수에서는 장자 발복지가 가장 적다고 했는데, 우리의 자료에는 장자의 경우가 가장 많았고, 말자의 경우가 가장 적었다.

장자 발복지의 경우에는 Ba1, Ba2, Ba3, Bb1, Bb2, Bb3 등 6종류가 해당했고, 말자 발복지의 경우에는 Aa1, Ab1, Ca1, Cb1, Da1, Db1 등 6종류가 해당했다. 중자 발복지는 장자와 말자 발복지에서 제외된 Aa2, Aa3, Ab2, Ab3, Ca2, Ca3, Da2, Da3 등이다. 이로부터 각 발복지의 특징을 추출하면 다음과 같다.

장자 발복지는 Ba와 Bb형으로서 B에 해당하면 장자 발복지가 되는데, 이는 묘소의 등 받침에 변화가 있으면 장자 발복지라는 의미이다.

말자 발복지는 B를 제외한 (A, C, D)에서 1의 전순을 가질 때이다.

중자 발복지는 장자와 말자 발복지를 제외한 모든 경우이다.

"결국은 전통풍수에서 주장하는 입수가 튼실하면 장자에게 유리하고, 중앙이 튼실하면 중자에게 유리하며, 전순이 튼실하면 말자에게 유리하다는 것과 같은 의미입니까?"

"같은 의미죠."

"차이는 무엇인가요?"

"이런 결론에 대한 (1)항의 객관적인 근거를 명확하게 제시했고, (2)항의 튼실하다는 것에 대한 정의를 명확히 했다는 점이오."

"장자 발복지를 쉽게 설명해주시겠습니까?"

"입수 1절과 2절 사이에 경사도의 변화가 있으면 장자 발복지이겠죠."

"매우 간단하군요."

"근거가 명확하면 결론은 단순해지는 법이오."

"말자 발복지는 어떻게 간단하게 정리됩니까?"

"장자 발복지가 아니면서 묘소의 당판에서 전순까지 경사도가 없으면 말자 발복지죠."

"중자 발복지는 장자나 말자 발복지가 아닌 경우에 해당합니까?"

"물론이오."

"너무 간단해서 놀랐습니다."

"이것은 '과학은 모든 것을 단순하게 만든다'라는 것을 보여주는 것이라 할 수 있을 테죠."

✽ 비명당 묘소의 형태 ✽

이상의 전개에서 조조가 확실하게 정리한 것은 '묘소의 유형으로부터 각 묘소마다 어느 아들에게 가장 유익하게 작용하는지, 이를테면 어느 아들 발복지인지'를 명확하게 알 수 있었다. 비명당 묘소에서는 발복이 아닌데 어떻게 평가할 수 있을까?

우선 비명당일지라도 나쁜 결과를 가장 많이 초래하는 경우와 가장 적게 초래하는 경우로 묘소를 나누었다. 명당 묘소의 제1조건을 만족하지만 혈의 구조를 갖지 않은 묘소를 나쁜 결과를 가장 적게 초래하는 묘소로 정하고 역경사 묘소를 나쁜 결과를 가장 많이 초래하는 묘소로 정하여 <표 6>과 같이 묘소를 분류하였다. 번호 1번의 묘소는 명당 묘소의 제1조건을 만족하지만 혈이 아닌 경우이며, 후손 수 번성은 대단히 높아 명당의 경우와 거의 같았고 귀나 부와 관련한 발복이 전혀 관찰되지 않았다. 번호 4번의 묘소는 후손 수가 급감하고, 부나 귀와 관련한 발복도 관찰되지 않았다. 비명당 묘소

<표 6> 비명당 묘소의 분류

번호	나쁜 결과의 정도	순경사	입수변화	용호환포
1	1	O	O	O
2	2	O	O	X
3	3	O	X	O
4	4	X	-	-

에서 관찰되는 공통된 현상은 부나 귀와 관련한 발복이 전혀 없다는 점이다. 그래서 후손 수의 번성 차이로만 비명당 묘소를 차별화할 수 있었다.

이처럼 비명당 묘소의 발복은 후손 수의 번성 차이로 단순 비교가 가능하다. 이러한 현상에 기준하여 비명당 묘소에서 후손 수 번성이 가장 나은 아들을 판별할 수 있었으며, 이로부터 비명당 묘소의 발복(?)을 평가할 수 있었다. 이러한 방법으로 비명당 묘소를 평가한 13곳의 비명당 묘소에 대한 평가 결과를 <표 7>에 정리하였다.

장자 발복지는 Ba2, Ba3이었으며, 말자 발복지는 Ab1, Ca1, Cb1 이었고, 중자 발복지는 Aa2, Ab2, Ab3, Ca2, Ca3으로 나타났는데, 명당 묘소의 발복유형을 적용한 결과 정확하게 일치하였다.

<표 7> 비명당 묘소의 발복유형과 묘소유형

발복유형	장자 발복지		중자 발복지		말자 발복지	
묘소 유형	Ba2	Ba3	Ab2	Aa2	Ca1	Cb1
	Ba2		Ca2	Ab3	Ab1	Ca1
			Ca2			
			Ca3			
소계	2	1	4	2	2	2
계	3		6		4	
총계	13					

✤ 특정인에게만 나타나는 묘소의 발복 ✤

"어떻게 명당의 발복유형과 비명당의 발복유형이 정확하게 일치하는지 신기합니다."

"나도 신기한 생각이 듭니다."

"지금까지는 '어떤 명당 묘소가 있으면 그 후손들은 모두 발복한다'라는 것이 일반적인 논리였는데 이것은 아무래도 대폭 수정되어야 하겠네요?"

"그렇죠. 명당은 모든 후손에게 발복하는 것은 아니니까."

"차이는 뭔가요?"

"이해가 안 되겠지만 '명당은 어떤 특정인에게만 작용한다'는 것이오."

"지금까지는 대단한 명당을 일컬어 100년 동안 작용한다든가, 150년 동안 작용한다는 말도 있었습니다."

"2012년에 출간된 <오묘한 지구-풍수도 과학이다>와 2014년에 출간된 <명당>, <재벌가 명당 탐사기>에 의하면 통계학적으로 소위 명당의 발복은 손자 대에 시작하여 증손자대에서 가장 강하고 4대손에서 약해지는 성질을 가지고 있다고 보면 정확히 맞을 거요."

"그렇다면 짧으면 30년, 길면 100년 정도 되겠습니다."

"그렇게도 볼 수 있지만 엄밀하게 말하면 증손자 1대라고 해야 정확한 거요."

"다음으로 궁금한 것은 어떤 증손자에게 발복이 가장 강하게 일어나는가를 알아내는 방법이 있을까요?"

"물론이오. 이것이 혹시 잘못 와전될 경우에는 '사술'로 변질될 염려가 있소."

"자세하게 말씀해주십시오."

"만약에 명당 묘소가 있다고 해봅시다. 이 묘소로부터 장중말자 중에서 어느 아들이 발복할지 알아낼 수 있어요. 입수 1~2절에 경사율 변화가 있는가, 당판과 전순 사이에 경사가 없는지를 확인하면 장중말자 발복지를 확인할 수 있죠. 물론 증조부모 묘소 중에서 한 곳이 명당 묘소이므로 장중말자 중에서 발복자를 명확하게 할 수 있는 거요.”

“좀 더 구체적으로 말씀해주십시오.”

“예를 들어 중자 발복지라 해봐요. 다음에는 해당하는 중자와 그의 부인에 대한 묘소를 확인하면 여기서도 장중말자 중에서 가장 긍정적인 결과를 갖는 아들을 확인할 수 있는데, 마지막 단계로 해당 손자의 묘소에서 가장 긍정적인 결과를 갖는 장중말자를 확인하면 되고 이 아들이 명당 묘소의 발복을 가장 크게 받는 사람이라 할 수 있죠.”

“증조부모를 제외한 조부모와 부모의 묘소는 비명당인데도 가능한가요?”

“물론 가능하죠.”

“정말로 대단합니다.”

“대체로 증조부모 묘소에 명당이 있으면 나머지 조부모와 부모 묘소는 비명당일 확률이 매우 높은데 확률로 말한다면 최소한 90% 이상이 비명당이라 할 수 있소.”

“기가 막히네.”

“이때 묘소를 명당이라 가정하고, 명당을 확인할 때와 같은 방법으로 입수 측, 전순 측을 확인하여 어느 아들 발복지인지 알아내면 그 아들이 비명당의 피해를 가장 적게 입는 아들이 되죠. 이렇게 하면 최종적으로 어느 증손자인지를 알아낼 수 있어요.”

"부부가 합폄, 합장 혹은 쌍분일 경우에는 지금 말씀하신 방법을 적용할 수 있지만, 두 분의 묘소가 단분으로 떨어져 있을 경우에는 묘소에 대한 평가가 쉽지 않을 것으로 보입니다."

"좋은 질문이오. 이때 묘소가 어떤 경우에 가장 나쁜가를 평가하는 기준이 있어야 하겠죠. 이것에 대해서는 자손 번성에 대한 여러 법칙을 기술을 해놓은 2012년에 출간된 <오묘한 지구-풍수도 과학이다>를 참고해보세요."

"간단하게 평가하는 방법을 소개해주시겠습니까?"

"묘소 평가에는 묘소형상을 결정하는 세 변수가 있어요. 순역경사, 입수변화, 용호환포가 그것이오. 묘소가 가장 나쁜 것은 역경사-입수무변화-용호비환포이며, 가장 덜 나쁜 것은 순경사-입수변화-용호환포이죠. 이것은 이미 앞에서 우리가 토론했던 것이고 각각의 경우는 후손 수의 번성에 미치는 정도가 서로 다른데, 이것에 대하여 남오우 박사가 박사학위 논문에서 나쁜(좋은) 정도를 계산하는 식을 찾아냈다오. 그 식을 이용하면 간단하게 계산할 수 있지만 너무 전문적이라서 여기에선 권하고 싶진 않군요."

"부부의 평균 점수에서 결정합니까?"

"누구에게 더 나쁜가를 확인하기만 하면 되겠죠."

"예를 들어 남편의 묘소는 장자>중자>말자의 순위이고 부인의 묘소는 중자>말자>장자의 순위라면 어떻게 됩니까?"

"남편의 묘소가 순경사-입수변화-용호환포이면 가장 좋은 경우에 해당하죠. 부인이 역경사-입수변화-용호비환포라면 상당히 나쁜 경우에 해당하고. 그렇다면 명당은 아니지만 남편 묘소가 훨씬 좋으므로 장자에게 가장 유리할 테죠. 이런 방법으로 확인하면 누구에게 발복이 일어날지 확인할 수 있는 거요."

"기가 막힌 방법이네요."

"그렇다면 아직 부모님이 살아 계시는 경우에는 어떻게 계산하면 되겠소?"

"그건 더 어려운데…… 뾰족한 방법이 없지 않나요? 묘가 없으니……. 지금 형제들 중에서 누가 가장 잘 되는지를 확인하면 안 되나요?"

"빙고. 그런데 여러 사람들에 대한 전기나 기록들을 살펴보면 부모의 묘소 발복 방향과 부모-자식 간의 생전의 유대관계와 밀접하다는 것을 확인할 수 있었는데, 과학적으로 입증한 방법은 아니오."

"그런 경우에 대한 예가 있을까요?"

"매우 많아요. 조선시대의 훌륭한 분들과 그의 부모와의 관계에 대한 기록을 보길 바라오. 현대 인물로는 일본 소프트뱅크 회장인 손정의 회장과 그의 부모와의 관계가 대표적이죠. 손정의-조부모, 손정의-부모 등의 관계가 각별하였다는 것을 손정의 전기에서도 확인할 수 있는데, 이에 대한 내용은 2014년도 출간된 <재벌가 명당 탐사기>에도 소개되어 있으니 참고하세요."

"대단히 많은 도움이 되었습니다. 그동안의 많은 의문들이 이번 기회에 거의 대부분 풀렸습니다."

"대부분이라는 말은 아직도 의문이 있다는 말이 아니오?"

"그 외의 의문은 사소한 것이라서 스스로 그 답을 찾을 수 있을 것 같습니다."

"이제 과학의 참맛을 이해했다는 뜻인데 암튼 대견하오."

❈ 발복론의 적용 ❈

처음으로 그 실체를 찾아낸 발복론을 구체적으로 특정한 가문에 적용해보기로 했다. 한반도에서 처음으로 세계적인 거부가 된 삼성 그룹의 이병철 가문과 부녀 양대에 걸쳐서 대통령이 된 박정희 가문, 27만원만을 가진 풍운아 전두환 대통령 가문을 예로 들어 발복 법칙을 실제로 적용해보기로 했다.

(1) 삼성그룹 이병철-이건희 회장

단군 이래 한국이 이처럼 세계무대에서 이름을 드높인 적이 있는 가? 단군 이래 이처럼 잘살 수 있었던 적이 없었다. 다른 개발도상국 에서 코리안 드림을 이루기 위해서 기를 쓰고 한국으로 이주하려고 한 적이 있었나? 한류라는 이름으로 오늘날처럼 한국의 문화를 세계 곳곳에 퍼뜨린 적이 있었나?

이런 여러 가지 기분 좋은 일에는 항상 삼성그룹이 그 중심에 있 었다. 그래서 삼성의 위기는 한국의 위기라고 할 수 있었다. 그런데 그 위기가 바로 코앞에 닥쳐왔다면 믿을 수 있겠는가? 일본의 유수 한 기업을 앞질러 그들이 스스로 자멸하도록 한, 살아 있더라도 자 존감을 상실하도록 만든 것의 핵심에 삼성이 언제나 위치하기에. 삼 성은 한국의 자존심이었다. 노키아가 핀란드의 자존심이었지만, 그 기업의 몰락은 곧 국가의 몰락으로 이어졌다. 우리도 마찬가지 상황 이 곧 다가올 입장에 처해져 있다.

조조는 유비를 통해서 한국과 중국의 풍수가들 사이에 풀지 못한 문제에 대하여 여러 차례 들은 적이 있었다. 그중의 하나가 이 가문에 대한 것이었다. 많은 사람들의 관심에도 불구하고 묘소의 정확한 위치나 가족관계가 제대로 확인된 적이 없다고 전해졌다. 그래서 조조는 손권에게 받은 많은 자료들을 정리하여 이 가문에 대한 궁금증을 풀어보자고 했다. 조조 일행은 우선 이 가문의 가계도를 확인하고 이 가문의 흥망성쇠를 확인했다.

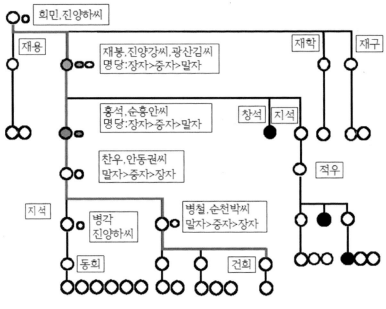

[그림 14] 이병철 회장 가계도

이병철 회장의 증조부인 이재봉의 묘소는 명당이며 공제선상에 재벌산형이 관찰된다. 이 묘소는 장자 발복지이기 때문에 그의 세 아들 중에서 장자인 이홍석의 손자대에서 재벌이 출현할 것이다. 수원에 있는 이홍석의 묘소도 명당으로서 등받침에 기울기 변화가 있기 때문에 장자 발복지이지만 그는 독자인 찬우만 두었다. 이찬우의 묘소는 비명당이며, 입수 뒤쪽에 등반이가 없고 당판과 전순의 경사가 같은 말자 발복지이므로 두 아들 중에서 이병철에 해당한다. 이병각과 이병철 중에서 막내아들인 이병철이 재벌이 된다.

이병철의 조부 이홍석의 묘소는 명당이며 우측의 백호에 재벌산형이 관찰된다. 같은 방법으로 이 재벌산형은 이찬우-이병철을 거쳐서 이병철의 세 아들에게 연결이 된다. 이병철의 묘소는 비명당이며, 입수의 등반침에 기울기가 없으므로 장자는 아니며, 당판과 전순의 경사가 같은 말자 발복지이므로 말자인 이건희에게로 연결된다.

이러한 방법으로 삼성그룹의 회장 연결을 해석할 수 있다.

(2) 박정희-박근혜 부녀 대통령

한반도에서 국민들의 선출에 의해서 대통령에 오른 부모-자녀 2대 대통령은 아마도 박정희-박근혜 부녀가 유일할 것이다. 그 이유는 앞으로 이러한 대통령이 출현하는 명당 묘소를 찾아낼 수 없을 것으로 예측되기 때문이다.

[그림 15]는 박정희 대통령의 가계도이다. 그의 증조부인 박이찬의 묘소는 경북 성주에 있는데, 묘소는 당연히 명당에 해당하며, 묘소의 정면에 커다란 장군산형이 관찰된다. 이 묘소의 주산 정상에는 소위 대통령이 출현한다는 십(十)자 산형이 관찰된다. 그의 조부모 묘소는 구미시에 있는 금오산 중턱에 위치하고 있다. 조모의 명당 묘소 정면에 대통령 산형으로 알려진 바위로 이루어진 일자 산형이 관찰된다. 양대의 명당 묘소에서 관찰되는 대통령 산형은 어떤 경로

로 박정희와 박근혜에게 연결될까?

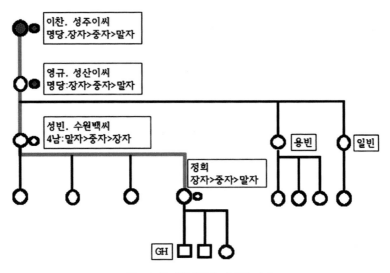

[그림 15] 박정희·박근혜 대통령 가계도

　박정희의 증조부인 박이찬의 묘소는 등받이에 변화가 있는 장자 발복형인데, 그의 아들인 영규는 외아들이므로 발복형에 의미가 없다. 박영규의 부인인 박정희의 조모의 묘소가 명당인데, 등받이에 변화가 있는 명당 묘소이므로 장자 발복형이다. 박영규의 세 아들 중에서 장자인 박성빈의 여러 아들 중에서 대통령이 출현할 것이다. 박성빈의 묘소는 그의 부모 묘소 바로 앞에 있는데, 비명당에 해당한다. 등받이에 변화가 없고, 당판과 전순의 경사가 같은 말자 발복지이므로 그의 아들 중에서 막내아들인 박정희가 대통령이 될 것으로 예측된다.

　박영규의 부인 묘소에서 관찰되는 대통령 산형도 같은 방법으로 추적이 가능하다. 같은 과정으로 박영규-박성빈-박정희로 연결되는 산형의 발복은 박정희의 묘소 해석에서 그 실마리를 풀 수 있다. 국립현충원에 있는 박정희의 묘소는 비명당이다. 이 묘소는 등받이의 경사가 명확한 장자 발복형이다. 그래서 장녀인 박근혜에게 연결된다. 그런데 한 가지 문제가 야기되는데, 그것은 성별이다. 지금까지 우리는 발복이나 풍수 연구에서 항상 남성 위주로 기록된 족보에 근거하여 가계도를 작성하고 해석해왔다. 그래서 도출한 결론들도 모두 아들 중심의 기록이나 결과로부터 해석된 것이다. 따라서 박근혜와 같이 딸의 경우에도 이러한 해석이 적용되는지에 대해서는 명확한 답을 얻을 수 없다.

(3) 난세의 풍운아 전두환 대통령

아무런 재산 없이 현금 27만 원으로 많은 추종자들을 거느리고 다니는 전직 대통령. 수많은 추징금과 세무조사에도 여전히 같은 집에서 살면서 가끔은 세상을 향해 한소리 뱉으며 살아가는 그는 분명 현대 한국의 풍운아라 할 수도 있다.

[그림 16]은 전두환 대통령의 가계도를 나타낸 것이다. 그의 증조부 휘는 석주인데, 그 묘소는 고향 뒷산에 있으며, 배위인 증조모는 옆 능선의 기슭에 있지만 평범한 묘소이므로 평가 대상이 아니다. 증조부의 묘소는 산의 8~9부쯤에 있는데, 좁은 입수폭임에도 불구하고 엄청나게 넓은 당판 위에 위치한 매우 특이한 형태를 하고 있다. 초등학교 운동장 같은 매우 넓은 당판 때문인지 묘소 주변에서는 묘소 가까이에 있는 용호(내용호나 선익)를 관찰하기 어렵다. 입

수에서 등받이의 경사 변화가 관찰되는 장자 발복형이다. 주변 사 (砂)에서는 장군 산형, 거부 산형, 암으로 이루어진 일자 산형 등을 비롯한 많은 산형들이 관찰된다. 증조부 묘소가 장자 발복형이므로 증조부의 두 아들 중에서 장자인 영수의 후손에게서 대단한 인물이 출현할 것으로 예측된다.

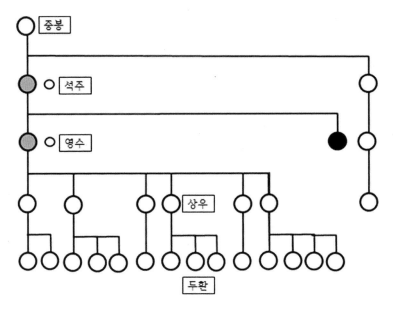

[그림 16] 전두환 대통령 가계도

조부인 영수의 묘소는 증조부 묘소의 좌측 능선에 자리 잡고 있는 데 명당에 해당하며, 조모 묘소는 증조모 묘소의 왼쪽 사면에 있지 만 명당에 해당하지 않는다. 명당인 조부의 묘소는 입수 능선에 좌 우 변화만 관찰되고 등받이의 경사변화가 없으므로 장자 발복형은 아니다. 묘소 앞의 전순 경사 변화가 심한 편이므로 말자 발복형도 아니므로 중자 발복형에 해당하며, 사의 특징은 큰 부자에 해당하는 거부 산형이라 할 수 있다. 이 묘소는 전 대통령의 자녀나 조카들과 상관성을 가지므로, 전 대통령의 아들과 조카들 중에서 큰 부자가 있을 것을 암시한다.

조부 묘소로부터 예측된 중자들은 6명의 아들 중에서 4남인 전 대통령의 부친인 상우와 3남이라 할 수 있다. 부친인 상우의 묘소는 고향 마을 옆을 흐르는 황강 건너편 산의 7~8부에 위치하고 있다. 부부 쌍분 묘로서 경사가 심한 곳에 위치하고 있다. 이 묘소는 입수의 등받이에 경사변화가 없으므로 장자 발복형이 아니다. 전순 경사도 관찰되므로 말자 발복형에 해당하지 않는다. 따라서 중자 발복형에 해당한다고 할 수 있다. 많은 전통풍수가들이 이 묘소로부터 대통령이 출현한 것으로 믿고 있으나, 이것은 사실이 아니다. 이 쌍분 묘소는 명당에 해당하는 묘소라 할 수 없다. 이 묘소에서는 청룡에 바위로 된 암벽과 산이 우뚝 솟아 있는데, 이것은 전통풍수에서의 역리형에 해당한다.

이상의 분석을 정리해보자. 전두환 대통령의 형제들에게서 증조부 묘소의 산형에서 관찰된 주요 인물의 출현을 기대할 수 있으며, 조부 묘소의 산형에서 관찰된 거부 산형에 해당하는 인물을 전 대통령의 자녀에게서 찾아볼 수 있다.

제5장

명당 묘소 판정

조조에게는 큰 고민이 있었다. 아무리 과학이 발달한 시대에 산다고 하지만 명당 묘소를 찾기 위해 무거운 장비를 짊어지고 산으로 올라간다는 것은 너무 힘든 일이었다. 젊은 사람들은 운동 삼아 할 수도 있지만 50세가 넘어가면서 옛날 같지 않은 체력에 가쁜 숨을 뱉을 때가 한두 번이 아니었다. 장비 없이 지형과 지물, 특히 나무나 풀을 보고 명당인지 아닌지 구별하는 방법이 없을까?

조조가 누구인가. 치밀하고 과학적인 방법으로 드디어 명당 묘소를 확인하는 방법을 찾았다. 특히, 조조는 후인들이 묘소를 정확하게 평가하는 방법과 순서를 기록으로 남기고자 마음먹었다. 이것이야말로 많은 전문가들이나 아마추어들이 실제로 야외에서 묘소의 상태를 제대로 평가하는 데 결정적인 역할을 할 것이기 때문이었다. 그래서 전문가로 대우받는 유비와 손권과 같이 진시황이 황제에 등극한 후에 가장 먼저 올라가 천제를 지냈다는 천산(天山)으로 향했다.

1. 천제를 지낸 천산(天山)

신라가 삼국을 통일한 후에 신라의 무역이 발달하면서 신라인의 해상활동이 활발해졌다. 신라인들은 당나라의 해안지대인 등주(登州)·양주(楊州)·초주(楚州) 지방에 이주하여 집단거류지를 이루었는데 이를 신라방이라 하였다. 이들 중에는 사무역에 종사하는 상인이 가장 많고 승려들도 많아 산동성(山東省) 문등현(文登縣) 적산촌(赤山村)에 있던 법화원(法花院)이라는 신라인의 절에는 남녀 도승(道僧)이 250명씩 몰려든 때도 있었다. 특히 신라에서 중국으로 들어가는 길목인 산둥반도의 등주·밀주(密州) 일대는 일찍부터 신라인이 거류하여 유명하였으며, 등주에는 신라의 사신과 유학승(留學僧)을 유숙시키고 접대하기 위해 신라관(新羅館)을 설치하기도 하였다. 또한 신라방의 거류민을 다스리기 위해 자치적 행정기관으로 신라소(新羅所)를 설치하여 관리를 두어 사무를 맡아보게 하였다. 신라방은 장보고(張保皐)가 해상무역을 장악하면서 더욱 번창하였다. 중국 영성시 석도에 있는 법화원은 주변이 바위로 둘러쳐진 그야말로 요새에 해당하였다. 장보고 기념관으로 올라가는 도중에 중국을 총괄할 굉장한 장소가 눈에 들어왔지만 언젠가 그곳을 쟁취할 것이라는 희망을 가지고 법화원에 들어갔다. 온 사방이 바위로 둘러싸인 공간. 이곳은 너새니얼 호손이 쓴 큰 바위얼굴의 무대와 다를 바 없었다.

중국은 커다란 대륙이라서 여러 종류의 볼거리를 가지고 있다. 묘지과학의 입장에서는 중국의 5대 명산도 중요한 곳이지만, 웅장한 바위가 있는 규모 작은 산이 더욱 중요할 수 있다. 한반도에서 제일 중요한 산으로 여기는 백두산이나 금강산 또는 한라산은 중요도가 별로 없다. 민족의 영산이라고는 하지만 자세히 살펴보면 허술하기 짝이 없는 산들이다. 그저 히말라야처럼 용맹한 사람(현재 국제 용병의 50% 이상이 네팔인임)이나 신들린 사람(영적인 능력을 가진 사람: 따지고 보면 석가나 예수 마호메트 같은 분들이 특이하게도 절벽이나 예리한 바위산이 많은 곳에서 태어났다는 것이 신기하지 않다)이 태어나는 곳으로 영산을 이해한다면 영산은 더 이상 아무런 의미가 없을지도 모른다. 중국이나 한반도도 예외가 아니라서 뛰어난 인물이 태어나는 곳은 이상하리만큼 그 주변 환경이 매우 흡사하다.

천산은 중국 산동성 웨이하이시 웬덩(文登)에 있었다. 칭다오 공항에서 옌타이, 웨이하이, 지난으로 가는 고속도로를 타고 가다가 교차로에서 동쪽의 웨이하이로 향하는 길로 바꾸어 한참을 가면 웨이하이 공항 못 미쳐서 웬덩시가 보였다. 인구는 얼마 되지 않지만 이름이 말해주듯이 중국의 긴 역사를 통해 중앙정부의 요직에 출사한 인물이 단 한 번도 끊긴 적이 없을 정도로 유명한 곳이었다. 우람하고 부드러운 산이 감싸 안은 웬덩시는 풍수를 모르는 어떤 이들도 이곳이 평범하지 않다는 느낌을 가질 듯했다.

조조는 이곳을 잘 모르는 손권과 유비에게 지역의 역사를 간단하게 설명하고 천산의 초입에 들어섰다. 풀 한 포기, 나무 한 그루를 구경하기 힘든 산으로 들어섰지만 대략 20여 분을 걸었을까. 갑자기 앞이 트이면서 수목이 울창한 산이 눈앞에 다가왔다. 조금 더 안으로 들어가니 여기저기에 오래된 묘들이 보였다.

"유 선생, 이제 실제로 묘를 관찰하기 위해서 이곳에 왔소. 말한 대로 이곳은 중국 인물의 10%가 태어난 곳이오. 지금도 중앙정부의 부장들을 비롯해 많은 장군들이 이곳 출신이라오."

"대단하군요."

"조선 땅으로 말하자면 경상도, 그중에서 인재의 절반이 났다는 안동 땅에 해당하오."

"말씀만으로라도 대단한 곳이라는 걸 알겠습니다."

"그렇다면 이제 시작해 봅시다. 손 선생, 묘소 평가를 할 때 무엇을 먼저 살피시오?"

"산의 입구에서 전체 지형을 살핍니다."

"뭘 보려고요?"

"주산에서 뻗어 나오는 여러 산맥[용, 龍]의 흐름과 분포를 파악하고, 계곡과 용의 조화를 살핍니다."

"전체적인 형상을 먼저 파악한다는 말이군요."

"그렇습니다."

"그 결과로부터 무엇을 알 수 있소?"

"조화를 이룬 곳에서는 항상 명당이 있을 만한 곳을 예측할 수 있습니다."

"현장에 가지 않아도 전체 조망으로부터 명당이 있는 곳을 예측할 수 있다는 말인데, 상당하구료."

"과찬이십니다."

"오나라 지역 내에는 이런 곳이 더러 있지요?"

"매우 많습니다. 장가계나 원가계를 비롯하여 많은 곳들이 여기 천산처럼 수려합니다."

"과장이 심하구려. 이곳은 장엄하고 아름답지만 수려하다고는 할 수 없잖아요."

제1합은 조조의 판정승으로 가볍게 끝이 났다. 일행은 더욱 안쪽으로 발걸음을 옮겼다. 이제 산이 막 시작되었다.

"유 선생, 이쯤해서 무슨 느낌이 밀려들고 있소?"

"무슨 말씀인지요?"

"산이 막 시작되었는데 무슨 느낌이 오는지를 물었소."

"조금 더 안으로 들어서면 느낌이 올 듯합니다."

"풍수에서는 주산에서 뻗어간 각 산맥들을 용(龍)이라고 부르지요?"

"예. 우리도 이미 용의 끝자락에 와 있습니다."

"그러면 용의 꼬리에 와 있다는 이야기인데, 용의 심장이 어디일지 감을 잡을 수 있어야 되지 않을까요? 용이 힘차다, 부드럽다, 억세다, 외강내강, 외유내강 등등의 표현을 동원하는 풍수사들도 있던데……?"

"그런 분들도 있습니다."

"아무래도 큰 암괴를 만난다거나 바닥이 온통 바위라던가 하는 것을 보면 위쪽에 근사한 자리나 명당 묘소가 있을 거라는 느낌이 오지 않겠소?"

세 사람이 열심히 걷다가 만난 첫 묘소에 다다르자 유비는 묘소의 뒤편, 옆쪽, 능선 양쪽, 봉분 앞을 열심히 왔다 갔다 하면서 관찰하고 있었다. 손권도 유비와 거의 비슷하게 움직였지만 가끔은 먼 산을 보기도 하고 용호의 형상을 관찰하면서 수첩에 깨알 같은 글씨를 기록하고 있었다. 약 30여 분이 지났을까. 세 사람은 봉분 주위에 다시 모였다.

2. 묘소 평가 - 명당의 제1차조건

조조는 이 기회에 두 사람이 묘소를 평가하는 방법을 눈여겨 관찰할 작정이었다.

"유 선생이 묘소를 감정한 지는 얼마나 되었소?"

"30년 남짓 되었습니다. 손 선생도 저와 거의 비슷하지요."

"두 분 모두 대단들 하시오. 유 선생은 이 묘소에 대한 느낌이 어떠하오?"

"반듯하게 생겼습니다. 좀 전에 들어오면서 우리가 관찰한 태조산, 중조산, 소조산이 확실하게 제자리에 있고, 조산에서 내려오는 용들 중에서 주룡으로 내려와 양쪽 선익 사이의 입수를 거쳐 혈이 반듯하게 제자리를 차지한 후에 두툼한 전순으로 연결되어 있으며, 좌청룡 우백호가 서로 감싸고 있으며 수구가 잘 발달되어 어디 하나 흠잡을 곳이 없는 뛰어난 자리입니다. 패철로 본 방위도 최소한의 영웅호걸이 태어날 지방 도독을 할 수 있는 입수 1, 2, 3절이 모두 귀절로 대단한 명당에 해당합니다."

"유 선생은 극찬을 했고…… 손 선생은 어떻게 평가하오?"

"저도 유 선생과 대동소이한 의견을 가지고 있습니다. 수구가 잘 발달되어 혈에서 물이 빠져나가는 것이 전혀 보이지 않고, 특히 저 멀리 저수지까지 보이니 후손들이 귀할 뿐만 아니라 큰 부자도 있을 것입니다. 내룡이 특히 혈 가까이 와서 좌우변화와 상하기복까지 보이면서 갖은 재주를 보이고, 굵기가 실하고 튼튼하므로 귀와 부, 그리고 천자만손을 둘 정말로 부귀손 모두가 나타날, 그것도 큰 규모로 나타날 대명당으로 보입니다."

"손 선생은 더 좋게 평가하는군요."

"정말로 좋은 묘입니다."

두 사람의 강평을 들은 조조는 앞이 막막했다. 이들을 어떻게 이해시킬 수 있을지 답이 보이지 않았다.

"손 선생, 지난번에 명당 묘소가 되기 위한 제1전제조건이라는 게 있었지, 아마……?"

"예. 입수 변화, 순경사, 용호환포입니다."

"그래요. 봉분에서 15m 이내의 내룡 진행에 좌우변화 또는 상하 기복이 있으면 입수변화(룡)라 했지요?"

"예. 기억납니다."

"이 묘소는 어떻소?"

"봉분에서 12m 뒤쪽에서 내룡의 방향이 달라졌습니다. 그리고 이 부분에서 내룡의 경사가 바뀌었으므로 입수 1절에 변화가 있습니다."

"그렇다면 첫 번째 관문인 입수변화는 합격이오."

"두 번째는 순경사입니다."

"순경사인지를 알아보려면 먼저 무엇을 확인해야죠?"

"봉분이 있는 혈판을 봐야 합니다."

"우리 계파에서는 입수 1절에서 봉분이 들어오는 내룡의 방향을 먼저 확인하여 배합과 불배합을 따집니다."

"두 분의 의견이 서로 다르군요."

"어떻게 하든 간에 혈판 경사는 같은 결과입니다."

"두 분은 모두 순경사라는 뜻이오?"

"그렇습니다."

"내가 이해할 수 있도록 설명해보겠소? 손 선생이 먼저……."

"혈판이 좌우로 수평인데, 지난번에 수평은 순경사에 포함된다고 하셨습니다."

"수평이라는 것은 어떻게 알아내었소?"

"눈으로 확인하면 좌우로 기울어진 데가 없이 반듯하지 않습니까?"

"나는 무슨 말인지 모르겠소. 손 선생의 말이 이해가 안 가오."

"무슨 말씀인지……?"

"내가 말한 것은 수평이라고 평가한 것에 대한 근거를 말하라는 것이었소."

"근거를 말씀드렸는데요."

"그건 손 선생의 느낌이지, 객관적인 근거가 아니지 않소."

"무슨 말씀인지……?"

"자, 그러면 유 선생이 평가한 순경사에 대한 근거는 무엇이오?"

"이곳은 임자계 삼자 배합으로……."

"그만들 하시오. 내가 요구한 것은 혈판의 경사가 순경사라 하셨는데 그 근거를 알기 쉽게 설명해보라고 했소."

"지금 말씀드리고 있는데요?"

"경사는 기하학적으로 매우 간단하게 표현하면 판의 기울기요. 혈판의 기울기……. 기울기를 이야기하는데 무슨 배합, 불배합이 나오는 거요?"

"기울기는 알겠는데, 순경사?"

"지난번 토론에 참가하지 않았소?"

"공부를 해서 알고 있습니다만."

"그럼 먼저, 경사도를 확인하는 방법을 알아봅시다. 정확히 알아야 정확한 답을 얻을 것이 아니오."

"예!"

"경사도는 왜 따지는 겁니까?"

"……?"

"비가 왔을 때 빗물이 묘의 봉분 안으로 들어가지 않고 쉽게 아래로 흘러 계곡으로 빠지도록 되어 있는 구조인가를 알아보는 방법이며, 지하로 스며든 물도 경사를 따라 쉽게 빠져나갈 수 있는지를 확인하는 것이 경사, 즉 순경사인지 역경사인지를 평가하는 것이라고 했소."

"기억이 납니다."

"역경사가 되면 오히려 물이 분수령인 능선 쪽으로 흘러 지표수가 잘 빠지지 못하거나 지하수도 빠져나가기가 어려워 봉분 안에 물이 정체할 수 있다고 했소."

"아, 그래서 순경사가 중요하다고 하셨습니다."

"경사 관찰에서 가장 중요한 것은 혈판과 직접 연결된 계곡이 어디 있는가를 찾아내는 것이오."

"보통은 찾기가 쉬운데 불분명한 경우도 있습니다."

"입수 무변화의 경우에는 계곡이 아예 안 보일 때가 있소. 평지 같은 경우가 그렇소."

"입수 변화일 때도 쉽지 않은 경우가 있습니다."

"능선의 좌우변화 위치인 입수 1절에서 두 능선의 사잇각이 180
도보다 작은 곳에 계곡이 있소."

"아, 간단하군요."

조조는 [그림 17]의 묘소에서 어떻게 혈판의 경사를 조사하는지를
두 사람과 같이 토론을 통해 실제로 확인해보았다.

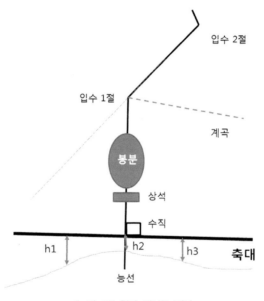

[그림 17] 혈판 경사도 평가

"자, [그림 17]에서 입수는 어떻소?"

"이 묘소는 다행히 입수 1, 2절이 잘 발달되어 있습니다."

"계곡을 찾으시오."

"입수 1절에서 계곡이 오른쪽으로 나 있습니다."

"어떻게 알 수 있소?"

"입수 1절에서 두 능선이 이루는 각이 180도보다 작은 쪽이 계곡입니다."

"좌선이오, 우선이오?"

"능선은 왼쪽에서 오른쪽으로 꺾이므로 우선룡(右旋龍)입니다."

"혈판의 경사는 눈으로 보는 것과 실제는 다른 경우가 대부분이지."

"인위적으로 평탄하게 만든다는 의미입니까?"

"그렇지요. 우선 입수 1절에서 능선의 방향을 잡아야 해요. 이때 봉분의 위치와 방향은 의미가 없어요. 오로지 혈판의 중심이 문제이지……."

"이 묘소에서는 혈판의 중심선에 봉분이 놓여 있습니다. 그래서 반듯하게 평가되었군요."

"봉분은 생각하지 마시오."

"축대를 조사합니까?"

"그렇죠. 축대가 혈의 중심선, 즉 능선의 중앙에 대해 직각을 이루고 있는가요?"

"예. 그렇습니다."

"수평계로 축대의 수평 상태를 조사평가 해봐요."

"수평계가 있어야 하겠네요?"

"묘소 평가의 필수품이오."

"좌우가 모두 수평입니다."

"반듯하군."

"직각이 아니면 임의로 능선의 중앙에 대해 수직선을 그어야 해요.”

“다음에는 무얼 합니까?”

“능선과 축대가 만나는 점에서 좌우로 같은 거리에서 축대의 높이를 측정해봐요.”

“좌측은 h1, 우측은 h3입니다.”

“어느 것이 더 큰가요?”

“좌측이 더 큽니다.”

“좌측으로 기울었다는 이야기인가요?”

“예.”

“우측이 높다는 말이 되나요?”

“그러면 우선룡에, 우측이 높으면 역경사?”

“혈판이 역경사라니?”

“왜, 무엇이 이상해요?”

“충격적입니다.”

“무엇이 충격적이오?”

“이렇게 반듯하고 깔끔하며, 용호가 잘 발달되어 있고, 주산부터 내룡, 입수, 전순, 선익이 잘 갖추어져 있는데, 역경사라니!!”

“이제 명당 묘소가 되기 위한 제1전제조건에 대해 의견을 말해보시오. 먼저 손 선생부터……”

“제1전제조건은 입수변화, 순경사, 용호환포인데, 이 묘소는 입수변화와 용호환포는 잘 갖추고 있으나 역경사이므로 명당 묘소가 될 수 없습니다.”

“유 선생의 의견은?”

"저희 계파에서 판단하는 방법으로는 굉장한 명당이었는데, 오늘 체계적으로 측정, 분석, 판단한 결과로는 역경사 묘소이므로 비명당에 해당합니다."

"두 분의 소감을 말해보시오."

"앞으로는 누구나 이해할 수 있는 평가 기준을 설정하고, 그 기준에 따라 평가해야 실수를 하지 않겠다는 판단을 했습니다."

"어떻게 우리 계파에서 판단하는 방법과 완전히 반대의 결론이 나왔는지 충격적입니다. 이제 실제로 숫자로 나타내는 계측을 통해 객관적으로 평가하는 방법을 익혀 그나마 다행이라 생각합니다."

"참고로 확인해본 결과 이 묘소는 3~4대 후손 증가율이 1.1명에 지나지 않고, 벼슬은 말단과 그다음 단계에 진출한 것이 모두였소."

3. 명당 평가 – 또 다른 팁(TIP)

천산으로 1차 현장 답사동행을 한 지 1개월 후, 조조는 최근에 중국에서 불고 있는 한류의 근원이라 할 수 있는 한국영화제작소와 K-POP의 중심지를 보기 위해서 한국관광을 신청했다. 나아가 유비와 손권을 동반하여 이들이 한국의 유명 묘소를 견학하여 묘소평가 실력을 높일 수 있는 계기를 만들어주고 싶었다. 이들이 도착하여 여러 곳의 영화 촬영지와 서울 충무로, 서울의 드라마 촬영장, K-POP의 중심인 SM, YG, JYP 등의 본사도 방문하기도 했다. 영화 촬영장으로 잘 알려진 곳으로 경남 합천 촬영장이 있었다. 합천은 예로부터 뛰어난 명당자리가 많기로 소문이 나 있었다. 지금은 어디

비어 있는 명당 찾기가 백사장에서 모래알 찾기보다 더 어렵지만……. 어쨌든 합천의 유명한 묘소 탐방을 마치고 대통령을 배출했다는 두 곳의 묘소를 방문했다.

"여기가 어디입니까?"

"나도 처음이라 잘 모르지요."

"이렇게 볼품없는 묘소에 왜 데려 오셨습니까?"

"볼품이 있는지 없는지는 나중에 평가해보기로 하고…… 여러 기의 묘가 있는데 그중에서 제일 아래에 있는 이 묘소를 지금부터 30분의 시간을 줄 테니 관찰해보세요."

두 사람은 전과 달리 신중하게 관찰하고 또 관찰했다. 평가의 기준과 방법이 달라졌으므로 이제는 길이, 높이, 경사도 같은 것을 엄밀하게 조사하고 있었다. 30분의 시간이 부족하여 무려 25분을 더 사용한 후 겨우 자료가 정리되었다.

"뭔가 특별한 것이 있소?"

"볼품없다고 생각했는데, 토론해야 할 내용이 너무 많습니다."

"하면 할수록 쉬워져야 하는데 더욱 어려워집니다."

"그렇게 어려운가요?"

"판단이 잘 서지 않습니다."

"자, 그러면 무엇이 판단하는 데 어려움을 주는지 확인해봐요."

"제1전제조건 중에서 입수 1, 2, 3절에 대한 판단이 쉽지 않습니다."

"무슨 말이오?"

"입수 1절은 분명하나, 나머지는 명확하지 않습니다."

"입수 2, 3절은 왜 찾죠?"

"전통 풍수서(書)에 기록되어 있습니다."

"지금 우리가 가장 중요하게 생각하는 것이 무엇이오?"

"주산, 내룡, 선익, 혈판, 전순, 용호, 수구 등등……. 이 모든 것이 중요합니다."

"그래요. 시신이 매장되는 곳의 지질구조가 가장 중요한가요?"

"예."

"그렇다면 시신이 있는 곳만 확인하면 되겠네요."

"그렇긴 합니다만 방법이 없어서."

"왜 방법이 없다고 생각하죠?"

"좋은 방법이 있습니까?"

"입수 1절을 찾았다는 것은 혈판이 있는 암괴를 찾았다는 것이질 않소."

"그러면 입수 1절이 가장 중요하네요."

"그렇지요 '혈판이 온전한가……' 이것이 중요하지요. 그러니까 혈판만 온전하면 다른 것은 상관이 없지 않은가요?"

"선익, 주산, 용호, 수구, 주산 이런 모든 것도 마찬가지겠네요?"

"이것은 어디까지나 앞에서 정의했던 명당에서 확인된 것 아닌가요?"

"그러니까 3대 후손에서 부귀손 발현이 나타나는 것을 명당이라고 할 때 오로지 시신이 안치된 곳의 형태와 그 조건이 오로지 혈판이 있는 암괴와 혈의 형태라는 말씀이지요?"

"손 선생은 이해력이 뛰어나 대화가 쉽게 진행되는군요."

"선익이나 사신사는 혈판과 암괴에 어떤 영향을 주나요?"

"그걸 알기 위해서는 지각운동을 이해해야만 해요."

"승상의 말씀은 선익은 혈판과 다른 암괴에 속한다, 이런 말씀인가요?"

"그렇죠. 혈판이 속한 암괴와 선익이 속한 암괴가 서로 부딪히는 경우를 생각해보세요."

"선익이 속한 암괴가 약하면 혈판이 속한 암괴가 선익의 암괴를 부수거나 그 속으로 밀고 들어가지 않겠어요?"

"그렇겠죠."

"그때 선익의 암괴는 위로 나오거나 옆으로 튀어나오게 될 것이고, 혈판이 속한 암괴가 약할 경우에는 충돌 시에 모두 부셔져서 혈이 될 만한 곳이 한 부분도 없겠죠. 그래서 명당이 되려면 주변의 암괴보다 훨씬 강해야 해요."

"이런 논리라면 용호는 크게 의미가 없겠습니다."

✱ 나무와 풀이 웃자라는 곳 ✱

"전순은 전혀 다르다네."

"전순은 혈판 암괴에 속하기 때문인 거군요."

"그렇죠. 전순의 앞쪽은 바위에 균열이 많이 있다고 봐야죠."

"그걸 확인하는 방법은 없을까요?"

"명당의 혈은 구덩이는 있지만 물이 체류하지 않으므로 기반암에 물이 들어갈 공간이 없겠죠."

"그렇습니다."

"물이 들어가 있는 공간이란 균열을 비롯한 암괴 내에 있는 작은 틈이나 비교적 큰 틈인 파쇄대를 말한다네. 아무리 강하고 단단한 암괴일지라도 암괴 간의 충돌에 의해서 거의 중앙에만 틈이 없는 부분이 생기는데 이곳이 혈이지. 혈 주변에는 균열 같은 빈 공간이 많을 것이고, 특히 전순에도 많은 공간이 있겠죠. 이런 곳은 물이 있으므로 풀이나 작은 나무가 주변에 비해서 잘 자라는데, 특히 큰 나무가 있는 곳에는 많은 물이 있다는 의미이므로 거대한 지하수 공급원이 있다고 생각할 수 있죠."

"그러면 봉분 위의 잔디가 그 주변에 비해 웃자라면 밑에 물 공급원이 있다고 판단하면 되겠네요."

"빙고."

"풀이 웃자라면 비명당이다, 이런 논리가 서네요."

"잘한다!"

"명당은 물 공급원이 없으므로 주변에 비하여 풀이 잘 자라지 못하며, 많은 양의 물을 필요로 하는 나무는 자라지 못한다. 그래서 그곳이 명당인지를 확인하는 쉬운 방법은 풀이나 나무가 자라는 상태를 관찰할 필요가 있다, 이런 말씀입니다."

"계속 잘한다."

"신납니다."

"가끔은 풀이 웃자란 곳이 직선인 경우도 발견되죠?"

"자주 봅니다."

"그곳은 커다란 균열이 직선 형태로 있는 곳이기에 틈 속에 물이 저장되어 있다는 것을 뜻해요."

"어떤 때는 그런 형태의 직선이 봉분을 가로지르는 경우도 있었습니다."

"큰 틈을 가진 균열이 봉분을 가로지른다는 것이에요. 아마 자세히 관찰하면 그 직선을 따라 봉분의 흙이 2단으로 나누어진 경우도 발견되곤 해요."

"이제 눈이 뜨이는 것 같습니다."

"이때 항상 주의할 점이 있어요."

"무엇입니까?"

"명당에 대한 제1전제조건이 충족되었을 때 이러한 관찰과 판단이 필요해요."

"명심하고 있습니다. 제1전제조건이 충족되지 않으면 따질 필요가 없으니까요."

"이제 마지막으로 고급스런 팁(tip)을 하나 주겠소."

"무척 궁금합니다."

"명당이 타원형이라고 했죠."

"예. 장축과 단축이 대체로 2~5m 정도인 것으로 기억됩니다."

"타원의 바깥은 물이 잘 스며들까요?"

"아, 타원의 경계에는 물이 잘 스며들므로 풀이 웃자라거나 작은 나무들이 발견될 수 있다, 이런 말씀인가요?"

"이런 것을 일취월장이라 말하나요?"

"풀이 웃자라거나 작은 나무들이 나 있는 곳이 타원형이라면 그 안쪽은 명당이다. 그 내부에는 풀이 잘 자라지 못하지만 고르게 자란다, 이것이 팁입니까?"

"OK!"

4. 화장(火葬)과 결정론

세계에는 200개 이상의 나라가 있다. 또 그 나라의 숫자보다 훨씬 많은 수의 민족이 있다. 나라와 민족마다 장묘법이 다른 것은 환경과 관념에서 비롯되었다. 하지만 사자(死者)를 존중하는 마음에는 별반 차이가 없다.

장묘문화는 대체로 그곳의 기후나 생활방식과 밀접한 것을 알 수 있다. 이웃의 일본에서는 산 속에 매장하는 것이 금기시됨은 물론 매장하는 것조차 허락되지 않는다. 어떤 곳은 시신을 주변에 사는 동물의 먹이로 제공하는 경우도 있다. 그래서 매장이 주된 장묘관습이던 대한민국에서는 묘를 잘 써야 후손이 복을 받는다는 관념이 있어 묘를 잘 쓰는 것에 집착하던 때도 있었다. 어떤 때는 묘소와 후손 번성 간의 관계를 과학적으로 규명했다며 묘소가 후손의 미래를 결정한다는 소위 '결정론'으로 혹세무민하는 무당, 풍수, 과학자인 척하는 어중이떠중이들이 설치기도 했다. 제대로 된 평가방법을 익혀서 환경에 순응하는 풍수사가 되길 조조는 기원하고 또 기원해왔다.

명당 묘소를 탐사하는 과정에 빠뜨리지 말아야 할 일이 있었다. 바로 화장(火葬)을 한 경우다. 화장은 과연 후손에게 어떤 영향을 미칠까. 화장을 한 경우도 부귀손을 따질 수 있을까?

"유 선생, 화장도 장묘의 한 방법인데 여기에도 부귀손 발복이란 것이 있겠소?"

"유골이 없는데 어떻게 있겠습니까?"

"화장한 유골을 소중하게 모셔 두는 경우도 많잖아요?"

"화장한 재는 흙이나 같습니다. 뼈를 통해서 후손과 동기감응이 일어나 발복을 하는데, 화장을 하면 무슨 발복이 있겠습니까?"

"이해가 안 가는군요."

"무해무득이라는 주장도 많습니다."

"그래 좋소. 지금까지 주장한 것에 대한 그 근거나 사례를 들어보시게. 근거가 없으면 또 힘들 거요."

"자신 있지요."

"사례가 있다?"

"먼저 명당 묘소를 파헤쳐 화장을 하여 납골당에 모신 여러 경우가 있었는데, 명당 후손들이 수년간 많은 어려움을 겪었다고 합니다."

"그런 사례가 몇 경우가 있었는지, 어떤 어려움을 겪었는지, 구체적으로 작성해서 그 자료를 두고 새로 토론합시다."

"제가 최근에 도와드린 경우가 몇 경우 있습니다. 그들의 조상들이 비명당에 계셨기 때문에 파묘를 해서 화장을 한 후 납골묘를 새로 조성하였는데 그런 분들이 모두 어려운 일에서 벗어났습니다."

"조금 전과는 반대의 경우이네요?"

"그렇습니다. 화장을 하면 좋은 것과 나쁜 것이 모두 사라지므로 무해무득하다고 합니다."

"그건 궤변이오."

"아닙니다."

"손 선생, 이 궤변에 대해 한 말씀해보시오."

"유 선생, 조금 전에 명당을 파묘했을 때 좋은 일들이 사라지고, 비명당을 파묘했을 때 나쁜 일들이 사라졌다면 그것은 화장과는 관계가 없는 명당, 비명당의 일이지요. 파묘 후 화장을 한 것과는 관계가 없다는 말입니다. 그런데 비명당을 화장했을 때는 나쁜 일이 사라졌다고 했으면 (-)에서 (0)으로 된 경우이고, 명당을 화장했을 때 어려운 일들이 발생했다면 (+)에서 (-)로 된 경우이므로 화장을 하면 좋을 때도 있고 나쁠 때도 있다. 그래서 아무 관계가 없다. 이렇게 결론을 내릴 수 있잖습니까."

"아닙니다."

"유 선생, 억지로 본인의 생각을 고수하려는 고집을 버리세요. 거의 95% 이상의 풍수가들이 유 선생 같은 고집쟁이들 아니오. 그래서 논리에 맞지 않는 것으로 혹세무민하기에 풍수가 지금 설 자리를 잃었지 않소. 나는 강요하지 않소. 합리적이고 논리적으로 제도권, 학문 그것도 과학적인 방법으로 설명하길 바라오. 그래야 누구든 이해하고 알아듣지 않겠소."

"승상의 말씀이 맞습니다. 풍수가들이 깊이 새겨들어야 할 말씀입니다."

"가령, 유 선생의 말이 옳다고 합시다. 화장을 하는 불교국가나 힌두교, 모든 귀신을 다 섬기는 일본의 경우를 봐요."

"네. 거기에도 영웅호걸이 태어났습니다."

"우리만 몇 세대에 걸친 재벌가, 권력가가 있는 것이 아니라 이런 나라에서도 우리와 같습니다. 무해무득은 스스로의 노력으로 자신이 원하는 것을 이룰 수 있다? 천만의 말씀……."

"네. 일본에도 지금 수상의 외조부와 본인이 수상이며, 부친을 비롯한 몇 사람이 정계에서 활동하고 있는데, 이런 정치가문이 많이 있습니다. 재계에도 마쓰시다와 도요타와 같은 재벌 가문이 있습니

다. 그런가 하면 몇 백 년을 유지 계승한 각 분야의 가문들이 중국이
나 대한민국보다 더 많습니다."

"다른 나라는 어떤가요? 인도, 스리랑카, 태국, 미얀마, 베트
남……."

"태국은 군벌 국가로서 거의 세습에 의한 권력이양이라고 생각할
수 있고, 인도는 더욱 심합니다. 영국으로부터 해방된 후 몇몇 정치
가문들이 정략결혼을 통해서 지금까지 나라를 좌지우지하고 있고,
타타 자동차를 비롯한 몇몇 재벌들이 몇 대에 걸쳐 나라의 경제를
장악하고 있습니다. 스리랑카는 지역을 다스리는 벌족들이 의회와
경제를 좌우지하고 있고요."

"그래서 화장과 후손 발복과는 무관하다고 할 수 있을까요?"

"그런 결론이 나옵니다."

"화장을 하는 국가에서는 무덤을 통해서 뭔가를 확인할 수 있는
방법이 없겠지요."

"그렇다면 현재 우리가 토론을 하고 있는 묘소와 후손 번성은 어
떻게 이해해야 하나요?"

"묘소는 후손의 번성과 상관성을 가진다. 앞에서 내린 결론처럼
명당 묘소와 적당한 산형이 있다는 것은 그에 해당하는 후손이 태어
날 것에 대한 필요조건이라고 했어요."

"그렇다면 그 후손이 태어나지 않는 경우도 많다는 것입니까?"

"그것은 조승래의 박사학위 논문에 자세히 나와 있다고 했소."

"묘소와 후손은 어떤 관계일까요?"

"묘소에서 그런 후손이 태어날 가능성을 보여준다. 즉, 가능성이
라고 하죠."

"그래서 이장을 하면 상황이 달라질 수 있다는 말씀인가요?"

"바뀔 가능성을 보여준다고 해야 되겠죠."

"이제 승상의 말씀을 이해하겠습니다. 주역을 통한 운명의 해석도 태어난 명(결정)과 시간에 따른 변화인 운(변화)으로 운명이 정해진 다는 것과 일맥상통합니다."

"그렇지는 않죠. 가능성으로부터 변화를 이야기하지만, 풍수에서 는 명당 묘소에 특정한 산형이 없으면 아예 불가능한 것이므로 근본 적인 차이가 있어요."

"이제 너무 어려워서 모르겠습니다."

제6장

명당의 산형(山形)과 인물

대한민국은 산이 60% 이상인 나라이다. 풍수적으로도 대단히 뛰어난 나라여서 복 받은 곳이라 할 수 있다. 산 좋고 물 맑은 곳이 아니라 다양한 능력을 가진 사람들이 태어날 수 있는 세계 유일의 나라이기도 하다. 이는 틀림없는 사실이다. 능력을 발휘할 기회만 주면 세계무대에 나가서 무조건 제일 높은 곳까지 올라간다. 기능올림픽, 예술, 스포츠 등등……. 한 가지 못한 것은 학문이다. 아직은 개개인마다 각자 하고 싶은 대로 하도록 내버려두지 않는 대한민국. 그래서 조조와 같은 인물이 대한민국 내에는 나타나지 않는다.

그런데 이건 시간이 조금 걸린다. 왜냐하면 명당에 있는 산들을 보면 어떤 인물이 나올지를 알 수 있기 때문이다. 삼각형, 타원형, 일자형 등등으로 관찰되는 산들이 어떤 인물에 해당하는지를 평가하는 방법이 명확해야 나라의 명운을 예측할 수 있다. 누구나 말할 수는 있지만, 제대로 이야기할 수 있는 기준이 있어야 한다. 여기서는 명당 주변에서 관찰되는 산의 모양에 대해서만 이야기한다.

1. 명당의 산형(山形)

조조는 산형을 분류하기 위해서 많은 자료를 검토해왔다. 우선

산형을 관찰하는 방법이 명확해야 했다. 산의 모양은 어디서, 어떤 방법으로 관찰하느냐에 따라 모양과 위치 및 크기가 전혀 달라진다. 그래서 산형은 묘소의 봉분 바로 1m 정도 앞에 있는 상석에서 관찰하는 것을 원칙으로 하고, 관찰하는 눈높이는 한국인의 키와 눈을 고려하여 지면에서 1.5m 높이로 하였다. 이 위치와 높이에서 사방을 둘러보았을 때 눈으로 보이는 모양을 산형(山形)으로 정의하였다.

묘소 주변에 있는 초목으로 그 형태가 불분명하여도 산의 외형을 추적하여 원래의 형태로 복원하였으므로, 관찰의 최적 시기는 초목으로 인한 방해가 가장 적은 겨울이었다. 형태의 기록을 위하여 카메라로 사진 촬영을 하였으며, 산의 크기와 존재하는 눈높이는 각도기로 측정하였다.

산형에서 반드시 관찰해야 하는 것들은 산의 형태, 대칭성, 관찰되는 눈높이, 크기, 위치와 방향, 표면을 이루는 초목이나 바위 또는 표면상태 등인데, 이러한 모든 것은 묘소에서 눈으로 보이는 상태를 의미한다. 따라서 실제 모양은 눈으로 관찰되는 것과 다를 수도 있으나, 산형은 묘소에서 관찰되는 것을 의미한다.

✽ 단일형과 복합형 ✽

묘소는 대부분 표토 위에 조성(造成)되어 있다. 그런데 묘소 주위에서 관찰되는 산들은 암석(巖石), 나무, 바위, 흙 또는 이들이 혼합하여 이루어진 경우가 대부분이지만, 수목이 울창하여 본래의 형상과 다르게 보이는 경우가 흔하다. 하지만 산봉우리가 단일 암석인 경우에는 원래 형상과 같았다. 이렇게 관찰한 산은 크게 단일형과 복합형으로 나누어진다. [그림 18]의 (a)는 단일형의 사진인데, 대칭(對稱) 또는 비대칭을 이루는 산봉우리가 단독(單獨)으로 있는 형태다. 이 모양은 삼각형, 일자형, 타원형 등으로 나눌 수 있으며, 하늘과 맞닿은 공제선(空際線, skyline)에서 관찰되거나 공제선 아래쪽에서 관찰되는 경우도 있다. 이와는 달리 [그림 18]의 (b)에 있는 산들이 서로 인접하거나 중첩(重疊)하여 마치 하나인 것처럼 되어 있는 산을 복합형이라 한다. 이는 주로 일자형, 누운 타원형, 장군형 산들이다. 복합형 산의 내부에는 여러 개의 산과 계곡이 있다. 하지만 산들의 외곽 테두리(envelope)로 연결하면 하나의 산으로 보인다.

(a) 단일형   (b) 복합형

[그림 18] 산형의 종류: (a) 단일산형, (b) 복합산형

❀ 산형의 크기 ❀

관찰되는 산형의 크기는 모두 실제 크기가 아니라 묘소에서 관찰되는 크기이므로 실제로는 매우 큰 산형일지라도 묘소에서 먼 곳에 있는 경우 관찰되는 크기는 매우 작다. 이렇게 작아진 크기를 나타

내기 위해서 시야각(視野角, view angle)을 적용했다. [그림 19]는 각 산형의 시야각을 측정하는 방법을 나타낸 것이다. 많은 산형들은 주변 산들로 이루어진 공제선(空際線, sky line)에 있는데, 이 그림은 공제선에 위치한 산형의 시야각을 측정하는 방법이다. 공제선 아래에 위치한 산형들은 독립된 산형일 때와 능선에 위치한 산형일 때로 분리하여 측정방법을 달리해야 할 것이다. 능선에 위치한 경우에는 공제선에 있는 경우와 동일하며, 독립산형은 시점과 종점을 찾아내어 두 점 간의 시야각을 측정하면 된다.

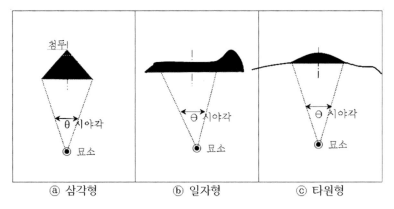

[그림 19] 산의 크기를 나타내는 시야각

삼각형이나 선 타원형의 경우에는 밑변(a)과 높이(b)의 크기를 [그림 20]과 같이 시야각으로 나타낼 수 있다. 이때 밑변에 대한 높이의 비율을 형상비(b/a)라 하는데, 형상비가 클수록 모양이 예리하게 된다. 형상비는 선 타원형과 누운 타원형을 구분할 때 대단히 중요하다.

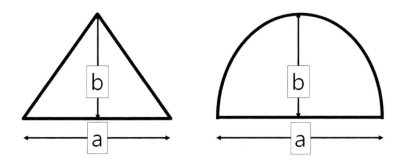

[그림 20] 산형의 형상비(b/a)

❋ 산형의 종류 ❋

지금까지 산의 형태와 그 의미가 밝혀진 것은 소수에 지나지 않는다. 일부 산형의 분류는 전통풍수의 산형을 참고하였으나 많은 부분이 새롭게 정의되었다. 전통풍수에서 정의된 산형들은 대부분 조선시대의 관직이나 직업에 기초하였기 때문에 현대 관직과 직업에 적용하기 어려웠을 수도 있으며, 크기나 대칭성에 대한 명확한 개념이 부족하였기 때문일 수도 있다.

근본적으로는 산의 구성이 단일한지 여러 개의 산들이 모여 복합적으로 구성된 것인지에 대한 인식이 전통풍수에서는 전혀 없었던 것으로 보인다. 또한 직업군에서는 특히 국왕이 임명하던 임명직과 국민의 선출에 의한 선출직 간의 차이로 인하여 실제 산형이 완전히 다른 경우가 있었다. 이러한 여러 차이에도 불구하고 많은 부분에서 전통풍수에서 제시된 산형이 풍수과학이 제시한 산형과 비슷한 의미를 가지는 것이 흥미롭다 할 수 있다. 지금까지 명확하게 밝혀진 산형과 그 직업군을 정리하면 다음과 같다.

① 일자형 산

[그림 21]과 같이 묘소에서 바라볼 때 좌우가 평행한 '一'자 형태인 산을 말한다. 수평 부분의 길이가 20도에서 60도까지 다양하다. 묘소에서 떨어진 거리에 따라 시야각(θ)에 큰 차이를 보이고 있으며, 20° 미만의 시야각과 수평 부분의 길이가 극히 짧은 경우는 제외했다. 수평 부분의 양쪽 끝이 내려간 평(平) 일자형과 어느 한쪽이나 양쪽이 올라간 복합 일자형의 3종류로 나누어진다. 이들은 모두 일품 이상의 고위관직 산형이다. 현재의 관직으로는 국무총리, 부총리, 국회의장에 해당한다.

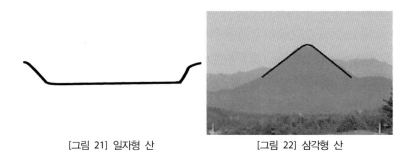

[그림 21] 일자형 산   [그림 22] 삼각형 산

② 삼각형 산

삼각형 산은 [그림 22]에 있는 것처럼 대칭성을 가져야 한다. 대칭형 삼각형 산은 예각형(筆峰)과 둔각형(貴峰)으로 나뉜다. 예각(銳角)형은 직각보다 작은 각으로 산봉우리의 끝이 뾰족하다. 전통풍수에서는 필봉(筆峰)이라고도 한다. 전체가 예각이면서 끝 부분이 약간 둥근 모양인 준두(準頭)형도 삼각형 산에 포함된다. 삼각형 첨두(尖頭) 부분이 90°보다는 크고 180°보다는 작은 둔각(鈍角)인 경우를

둔각형이라 하며, 준두형도 삼각형 산에 포함된다. 하부는 둔각, 상부는 예각일 때도 삼각형 산에 포함된다. 삼각형 산의 대칭 부분(밑변)의 시야각(θ)은 15°를 넘지 않았으며, 대부분 공제선에 위치했지만 공제선 아래에 있는 것도 삼각형 산으로 분류했다. 이들은 모두 존경받는 사람과 관계가 있다. 그 크기에 따라 1~5급 공직자, 총장, 교수, 교장, 존경받는 사람 등에 해당한다.

③ 누운 타원형 산

[그림 23]과 같은 형태를 누운 타원형 산이라 한다. 이 산형은 형상비가 0.30 이하이며 시야각이 20도 이상인데, 일반적으로 5개 이상의 작은 산과 4개 이상의 골짜기를 포함한 복합형 산이다. 이 산형은 한국의 재계 순위 30위 이내의 재벌과 관계가 있다. (2016년 박재현의 박사학위 논문 참고)

[그림 23] 누운 타원형 산　　　　[그림 24] 선 타원형 산

④ 선 타원형 산

[그림 24]와 같은 산을 선 타원형 산이라 한다. 형상비가 0.30 이상이며 시야각이 20도 이상인 산으로 전통풍수에서는 부봉(富峰)이

라 한다. 산형 내부에 골짜기가 포함되지 않은 단일산 형이며, 산형의 상부가 공제선상에 노출되거나 노출되지 않은 경우도 있다. 이 산형은 거부와 산업별 5위 이내의 대기업과 관계가 있다. (규모가 작은 경우에는 지역 부자 정도인데 전통풍수의 부봉에 해당)

⑤ 3연성 산

[그림 25]는 3연성 산인데, 선출직 광역지방단체장과 상관성을 가진다. 일반적으로 삼연성에서 가운데 봉우리가 가장 크고 높으며, 좌우의 봉우리는 형체가 명확하지 않은 경우도 있다. 일반적으로 공제선상에서 관찰되며 시야각은 10도에서 50도에 이른다.

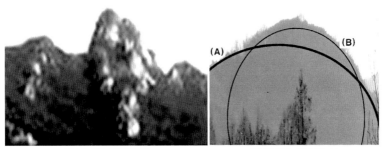

[그림 25] 3연성 산   [그림 26] 장군형 산

⑥ 장군형 산

[그림 26]은 장군형 산을 나타낸 것이다. 이 산은 선 타원형의 상부층과 누운 타원형의 하부 층으로 구성된다. 상부와 하부 두 개 층의 형상과 배열에 따라 장군의 계급이 다르다. 대장과 중장의 상부층은 1개의 선 타원형 암괴로 이루어져 있으며, 소장과 준장은 몇 개의 암괴가 뭉쳐진 형태를 하고 있다. 준장을 제외한 대장과 중장 및 소

장의 하부 층은 타원형의 암괴로 되어 있으며, 준장은 하부층의 측면 윤곽이 직선으로 되어 있다. 대장은 1개 층의 타원형 암괴, 중장은 상하 2개 층 이상 그리고 소장은 1개 층 이상의 암괴로 구성되어 있다. (장군의 계급별 산형 차이는 2016년 한말상의 박사학위 논문 참고)

이상의 산형을 간단하게 요약하면 [그림 27]과 같다. 여기에 나타

명칭	기호	도식화 산형	전경 사진
삼각형			
일자형 (한쪽. 양쪽)		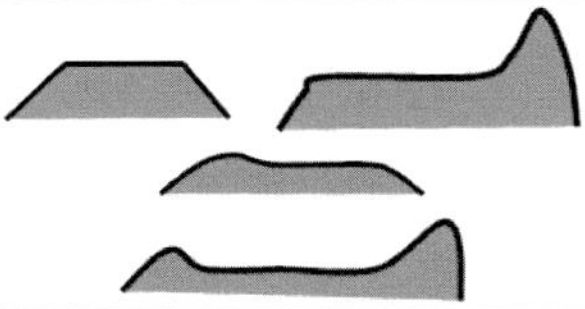	
선 타원형		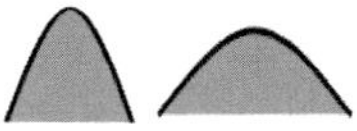	
누운 타원형			
3연성	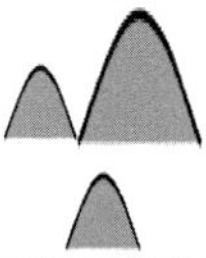	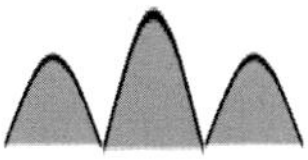	
장군형		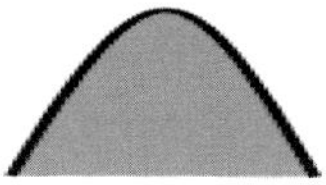	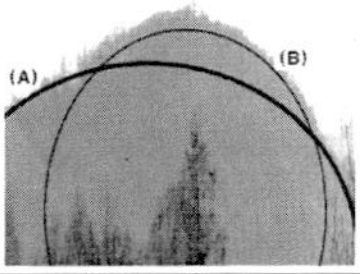

[그림 27] 묘소 주변의 특이 산형 분류

내지 못한 산형은 아직 그 특성이 조사되지 않은 것을 의미하며, 앞으로 더욱 많은 산형이 밝혀질 것으로 예측된다.

"왜 전통풍수에서 주장하는 산형과 많은 차이가 있을까요?"

"전통풍수에서 주장하는 산형은 일부 관념적인 것이 있고, 통계적으로 평가된 것이 아닌 이유도 있지요."

"관직이나 직업이 전혀 다른 경우도 있는데요?"

"여기에서 나타낸 산형과 후손의 직업은 현대 한국에서의 관직을 적용한 상관성이므로, 전통풍수에서 주장하는 것과는 차이가 있을 수밖에 없어요."

"다른 나라에서는 산형 자체가 다르기 때문에 후손과 산형의 상관성은 한국과는 전혀 다를 수 있겠네요?"

"그 점은 아무도 연구한 바 없기에 알 수 없죠."

"여기서 새롭게 주장된 산형이 있습니까?"

"바로 삼연성인데, 이것은 선출직 지방자치단체장, 즉 시장과 도지사 등에 해당해요."

"최근 관직이군요."

"그렇죠. 또 하나는 선출직 서울시장(한성판윤)이나 도지사(관찰사)가 같이 평가되지만, 조선시대의 관직과는 전혀 다르죠."

"다른 것은 거의 같은가요?"

"복합산형은 완전히 새로운 개념으로, 일자형, 누운 타원형, 장군봉 등이 새롭게 밝혀진 것이죠. 아마도 산형 분야에서는 획을 그을 만한 사건이라 할 수 있어요."

"그렇군요. 대단한 결과라 할 수 있군요."

"그럴지도 몰라요. 요즈음 풍수에 관심 있는 사람들은 옛날과는 달리 기본에 대한 것보다는 명당의 혈과 발복에만 관심을 가지는 경향이 많죠."

"인정합니다. 그만큼 명확한 것을 원한다고 봐야지요."

"어떤 것, 어떤 이유로 관심을 가진다는 것은 좋은 일이오. 이 세상에서 무관심보다 더 무서운 것은 없으니까."

"지당하신 말씀입니다."

2. 증손자에게 발복하는 명당 묘소

인류사를 빛낸 훌륭한 인물들이나 거대한 부를 축적하여 많은 사람들에게 일할 기회를 제공하는 재벌들과 거부들은 평범한 사람들과는 다른 출생이나 성장과정을 보인 경우가 많다. 이들은 특정한 지역에서 출생하거나 성장하기도 했으며, 특정한 가문 출신인 경우도 있다. 이들의 출현은 사회적, 시대적, 공간적 그리고 지역적인 환경과 같은 여러 종류의 요인들과 직간접으로 연관을 가지고 있다. 더욱 흥미로운 것은 이들의 선조묘소 주변의 산형과 이들의 직책이나 직업이 밀접한 관계가 있다는 연구결과이다.

✽ 후손과 산형 ✽

최삼종은 박사학위 논문에서 조선시대 후기에 세도정치를 펼쳤던 안동김씨 가문에서 배출된 정3품 이상의 높은 벼슬을 지낸 이들의 증조부모 묘소가 명당에 해당하고 이 묘소 주변의 산형(山形)이 후손의 진출관직과 밀접한 관계가 있다는 결과를 발표했다. 박인호 박사도 해방 이후에 출현한 거부와 재벌들의 증조부모 묘소와 묘소주변의 산형을 조사한 바 있는데, 명당 묘소에 해당하는 묘소의 주변 산형에 누운 타원형이 관찰되면 재벌 후손이 출현(出現)하고, 선 타원형이 관찰되면 거부 후손이 출현한 것을 확인했다. 박재현 박사는 재벌이 나오는 누운 타원형은 몇 개의 타원형 산들이 서로 중첩하여 그 산들의 테두리(envelope)가 누운 타원형이라는 것을 확인했다. 한말상 박사는 한국이 일제로부터 해방된 이후부터 현재에 이르기까지 장군(將軍)을 역임한 사람들의 증조부모 묘소에 대하여 지형과 지질구조 및 주변 산형을 조사했는데, 다른 연구 결과와 마찬가지로 그들의 증조부모 묘소 중 하나가 명당에 해당했다. 또한 그 묘소의 주변 산형 중에는 장군이 출현하는 산형이 반드시 존재한다는 것을 확인한 바 있었다.

이상의 결과들은 증조부모의 묘소 중에서 명당 묘소가 존재할 때 그 묘소 주위의 특이 산형에 해당하는 후손이 출현한다는 것을 밝히고 있다. 특이 산형에 해당하는 후손의 출현은 대부분 그 묘소의 증손자에 해당하며 후손 중에서 어떤 사람에 해당하는지는 배영동 박사가 밝혀낸 바 있다.

조조는 지금까지 자료와 문헌을 통해 확인한 여러 명당 발복에 관한 내용을 정리하고 정리해보았다. 그러던 중에 가장 핵심이 되는 것이 완전히 빠졌음을 알았다. 사람을 시켜 유비와 손권을 빨리 자신의 거처로 모셔오라고 지시한 후에 그들이 도착할 때까지 생각을 하나씩 정리해나갔다.

"유 선생, 손 선생. 그동안 적적하였소."

"승상께서도 안녕하셨습니까?"

"오늘 두 분의 얼굴을 보니 내가 그동안 고민했던 것들이 말끔하게 풀릴 것 같은 느낌이 드오."

"감사합니다."

"손 선생, 묘소에 가서 보면 어떤 곳에서는 무수히 많은 산이 관찰되고, 어떤 곳에서는 고작 두세 개만 있는 경우도 있었소."

"저도 그런 경우를 많이 봅니다."

"주변에서 산이 많이 보이면 후손이 많고, 적으면 후손이 적다는 이야기인가요?"

"글쎄요. 그런 말은 있지만 확인한 바는 없습니다."

"유 선생은 그런 내용을 들어보셨소?"

"주산, 내룡, 혈판의 형상에 따라 자손의 많고 적음이 있다는 내용은 있습니다."

"그것에 대한 명확한 근거는 있소?"

"항상 제시할 만한 근거가 없다는 게 문제입니다. 그냥 참고하시면 됩니다."

"근거는 없지만 참고할 만하다는 것은 그런 경우도 있다는 미약한 근거가 있다는 말씀인가요?"

"그만두시게."

"산형과는 관계가 없소?"

"여러 형태의 산형에 따라 출현하는 후손의 관직이나 직업 성품이 제각기 다르다고 하였습니다."

"산형대로 후손이 나타나는 것을 의미하면 많은 산형이 관찰될

경우 후손이 많고, 소수의 산형이 보일 경우엔 후손이 적다는 말이
되는군."

"그렇게 되나요?"

"중국의 오악이나 영화 '아바타'에 소개된 '장가계'의 산들을 보
면 기기묘묘한 형상들이 있소."

"저도 보았습니다."

"이런 산들은 어떤 후손을 의미할지 무척 흥미롭군."

"이런 곳에 묘소가 있다면 조사해볼까요?"

"그만두시구려. 산이 비교적 단순한 한국으로 가봅시다."

"한국에 있는 여러 명당 묘소에서 우리는 한두 개의 특이산형만
을 본 것이 아니라, 작은 타원형 산, 선 타원형 산, 누운 타원형 산,
일자형 산, 장군형 산 및 3연성 산, 이름도 지을 수 없는 여러 형태
의 산, 산, 산을 보았소."

"몇 가지를 빼고 나면 어떤 후손인지를 모르는 산들이 대부분 아
닌가요?"

"그렇죠. 요즈음에는 옛날과 달라서 산에 너무나 많은 나무나 풀
이 있어 접근도 어렵지만, 묘소에서 산형을 관찰하는 것이 쉽지 않
을 텐데……."

"저와 같이 연구한 적이 있는 한 박사는 특이 산형을 정형화하는
연구를 했는데 앞을 가리는 나무들 때문에 산형 촬영에 곤욕을 치렀
지요."

"그렇겠지요. 산형은 어디에서 어떻게 관찰하오?"

"명당 묘소 봉분 1m 앞에는 상석(床石)이 있고 그 상석에서 지표

로부터 1.5m의 높이에서 사방으로 관찰하는데, 형상은 카메라에 찍힌 사진을 분석하여 여러 가지로 분류하고, 크기는 각도기를 사용하여 시야각을 측정하여 위치나 시야각의 크기를 결정합니다."

"쉽지 않은 일이오. 이렇게 기준을 정해서 객관성과 보편성이 있는 자료를 수집하고 있다니 자세가 완전히 달라진 것 같군요. 두 분 모두 대단하오."

"객관성과 보편성을 확보하지 않고 어떻게 백성들을 가르치겠습니까?"

"뭐라구? 하하하."

"보이는 산형을 왜 특이 산형이라 하오?"

"예. 옛날에는 사격(沙格)이라 하였는데, 적절한 용어가 아니라고 판단했습니다. 그 이유는 동일한 곳에 있는 명당과 비명당 묘소에서 관찰되는 산의 모양이 명당일 때는 격이라는 말이 적합하지만 비명당의 경우에는 아직 산의 모양이 무엇을 의미하는지를 알 수 없어 격이라는 말이 적합하지 않다고 생각합니다."

"오호, 대단하구려. 그런데 산형이 아니고 왜 '특이 산형'인가요?"

"산형과 후손의 상관성이 밝혀진 것은 극소수이고 나머지 종류의 산형에 대해서는 알려진 바가 없습니다. 그래서 특성이 밝혀진 것은 특이 산형으로 다른 모든 산형과 구별하기 위한 것입니다."

"대단히 좋소."

"처음으로 칭찬을 받은 것 같습니다."

"자, 이제부터 고민 좀 해봅시다."

"무슨 중요한 것이 있습니까?"

"여러 문헌이나 연구 결과들을 보면 산형에 따라 후손도 나타난다고 하는데, 궁금한 것은 '관찰되는 수많은 형태의 산에 해당하는 모든 후손이 출현(出現)하는가'이오."

"그건 조승래 박사의 논문을 참고하는 것이 어떨까요?"

"좋은 생각이지만 우리가 여기서 다시 한 번 확인하고 지나갑시다."

"어떻게?"

"덕수이씨 묘소가 있는 당진시 능안을 기억하오?"

"예. 왕릉처럼 생긴 20~30여기의 묘가 있는 곳 아닙니까?"

"거기에는 명당에 해당하는 묘소가 3개있어요. 나머지는 모두 평범한 비명당 묘소라네. 그런데 각 묘소의 4대까지 후손은 모두 서로 다른 데 적게는 15명, 많게는 200여 명이나 되는 곳도 있소. 왜 이런 차이가 날까요?"

"비명당 묘소의 산형에 대해서는 밝혀진 바 없습니다."

"그래서 비명당 묘소에서는 산형의 수대로 후손이 태어나지 않는다. 다르게 표현하면 비명당 묘소에서는 산형 수와 후손 수가 일대일로 대응되는 관계가 아니라는 뜻인가요?"

"글쎄, 다음에 확인해봅시다."

"명당 묘소에서는 어떻게 되나요?"

"조 박사가 정리를 잘했는데 참고해봅시다."

❉ 산형만큼 나오지 않는 명당 후손들 ❉

명당 묘소에서 관찰되는 산형은 특이 산형과 일반 산형으로 나뉜다. 일반 산형은 크기가 특이 산형에 비하여 작거나 대칭성이나 규칙성이 없어서 특정한 모양으로 정형화되기 어려운 산이라 할 수 있다. 또한 특이 산형은 그 모양이나 대칭성 및 크기를 정형화할 수 있는 것을 의미한다. 최삼종, 박인호, 박재현 그리고 한말상 등이 발표한 논문에 보면 특이 산형으로는 삼각형, 일자형, 누운 타원형, 선 타원형, 장군형 및 3연성 등이 있다. 이들 외에도 특이 산형은 새로운 직업군이나 인물 집단이 정의될 경우에 계속하여 추가로 정의될 것이다. 특이 산형은 관찰되는 여러 산의 모양에서 그것의 형태와 구성, 크기, 위치, 대칭성, 규칙성 등이 일반 산형과 달랐다.

묘소 주위에서 관찰되는 모든 산형과 출현하는 후손과 직접적인 관계가 있는지를 확인하기 위해서 3대 후손이 아주 많은 가문과 아주 적은 가문을 선택하여 이들 가문의 증조부모 명당 묘소 주변의 산형을 조사하여 비교해보았다. 조선 중기에 대제학을 지낸 덕수이씨 이식과 그의 조부, 부 및 아들인 단하의 묘소는 같은 영역 내에 있기 때문에 주변의 산형이 거의 같아서 특이 산형과 일반 산형에 차이가 거의 없다. 3대 후손의 수를 보면 각각 3명, 6명, 19명 및 21명으로 대수가 낮아질수록 3대 후손 수는 점점 증가했다. 이런 현상은 4대 후손 수의 경우에도 같은 경향을 보였다. 그래서 3대와 4대 후손수를 합한 것은 각각 9명, 25명, 58명 및 69명으로 나타났다. 만약 묘소 주변의 모든 산형에 대하여 1대1로 그 후손이 태어난다면 같은 영역 (전통풍수에서 표현하는 같은 국세)에 위치하고 있는 4대 묘소의 산형은 거의 같으므로 3대와 4대 후손의 수도 큰 차이가 없을 것으로 예상된다. 하지만 실제로는 <표 8>과 같이 이러한 예상과는 매우 큰 차이를 보였다. 즉, 증조부의 6명에 비하여 본인 이단하

는 8배인 48명이나 되었다. 특이할 만한 것은 2품 이상의 관직 진출
과 명당 묘소 판별로부터 평가할 때 이단하의 묘소만이 비명당에 해
당했지만 3대와 4대 후손 수의 합은 비명당인 이단하가 가장 많았다.

<표 8> 덕수이씨 이식 가문의 후손 변화

관계	이름	3, 4대 후손 수 합	4대 후손 수	3~4대 후손 증가율(배)	3대 후손수와 관직자			
					후손 수	3품	2품	1품
증조	이섭	9	6	2.0	3	0	0	1
조부	이안성	25	19	3.1	6	1	0	1
부	이식	58	39	2.1	19	0	3	0
본인	이단하	69	48	2.3	21	0	0	0

<표 9> 안동김씨 김창집 가문의 후손 변화

관계	이름	3, 4대 후손 수 합	4대 후손 수	3~4대 후손 증가율(배)	3대 후손수와 관직자			
					후손 수	3품	2품	1품
증조	김창집	40	25	1.7	15	1	1	1
조부	김제겸	63	39	1.6	24	1	3	1
부	김성행	22	15	2.1	7	-	3	1
본인	김이장	40	25	1.7	15	1	1	2

조선 중기에 영의정을 역임하며 개혁의 기치로 인해 많은 풍상을
경험한 안동김씨 김창집과 그의 증손인 이장까지의 4대에 걸친 후
손의 변화는 <표 9>와 같다. 증조부 김창집으로부터 조부, 부 및 본
인에 이르는 4대가 위에서 아래로 순서대로 한 능선에 배열되어 있
다. 묘소로부터 좌우 용호와 안산 및 주산들이 멀리 떨어져 있어 이
들 묘소에서 관찰되는 일반 산형과 특이 산형의 형태나 크기 및 그

수는 거의 차이가 없다. 즉, 거의 같은 산형이라 할 수 있다. 증손자 수는 각각 15명, 24명, 7명 및 15명으로 김성행을 제외하고는 거의 같다고 할 수 있으며, 4대손의 수도 25명, 39명, 15명, 25명으로 3대 손과 같은 경향을 보여 3대와 4대손의 합은 40명, 63명, 22명 및 40 명으로 불규칙적으로 증감했다. 그런데 김성행의 후손 수가 아주 적었다. 김성행의 묘소는 위에서 세 번째 그리고 아래에서 두 번째이므로 4곳의 묘소에서 중간 부근에 위치하여 묘소 주위의 산형도 거의 중간에 해당한다고 할 수 있다. 중간에 해당하는 묘소의 후손 수가 상하에 위치한 묘소의 후손에 비하여 현저하게 적다는 것은 특이하다 할 수 있다.

"조 박사의 논문을 검토한 느낌이 어떻소?"

"명당이든 비명당이든 묘소 주변의 산형과 출현하는 후손이 1대1로 대응되지 않는다고 할 수 있습니다."

"이 말은 묘소 주변의 산형이 출현하는 후손과 상관성을 가지지 않는다는 의미인가요?"

"그런 뜻은 아닙니다. 단순히 '1대1로 대응되지는 않는다'는 것입니다."

"같은 산형인데 2품 이상의 고위관직 진출자도 상당히 차이 나지 않소?"

"그건 아마도 보는 각도에 따라 형태가 다르기 때문이 아닐까요?"

"유 선생, 현장에 가보지 않았소?"

"가 보았습니다."

"형태가 달랐소?"

"아닙니다."

"그런데 왜 자꾸 머릿속이 복잡하오."

3. 재상 2명이 나온 영상사

문헌 조사를 하던 중에 조조는 최 박사가 조사한 안동김씨 가계에서는 6촌 이내에 영의정이 2명 나오거나, 영의정과 좌의정 각각 1명, 그리고 영의정과 정2품의 판서나 대제학이 나온 것을 확인했다. 이것이 한 개의 산형에서 2명 이상의 제상이 나온 것인지, 해당 묘소에서 제상의 수만큼 산형이 있는지는 확인된 바 없다. 조선말의 세도(世道) 정치하에서는 매관매직으로 인하여 매우 혼탁하였으므로 산형과 후손 출현간의 상관관계가 아무런 의미가 없는 것일까? 어쨌든 안동김씨 가계는 조조의 마음을 편치 않게 했다. 그냥 덮어두고 넘어갈 일이 아니어서 두 사람을 불렀다.

"유 선생, 손 선생, 어서들 오세요."

"오늘은 무슨 새로운 것을 일깨워주시려고 부르셨습니까?"

"별개 아니오. 두 분은 혹시 최 박사의 논문을 읽은 적이 있지요?"

"예. 재미있게 읽었습니다."

"재미……?"

"안동김씨가 그렇게 대단한 집안인 줄 몰랐습니다. 나라를 흔들었더군요."

"나쁜 의미……?"

"요즈음의 세태와 닮았다는 생각에 무척 흥미진진했습니다."

"유 선생은 세도정치에 대한 이야기를 하는 것 같은데……?"

"예. 그렇습니다."

"그보다도 영조의 손자인 정조를 어떻게 생각하시오?"

"조선 초기의 세종과 더불어 조선 후기의 명군이었다고 생각합니다."

"왜 명군인가요?"

"많은 분야의 정책이 백성을 위한 것이었습니다."

"옳거니. 그 정조가 세도정치의 시작인 김조순을 너무 좋아했다는 건 알고 있었소?"

"네? 그럴 리가……!"

"하나만 알고 둘은 모르는군. 정조의 개혁을 가장 지지한 사람이 김조순이오."

"영상을 지낸 채재공이 아니고요?"

"얼마나 좋아했으면 김낙순을 김조순으로 바꿔주고, '풍고'라는 호까지 하사했다오."

"아, 미처 몰랐습니다."

"이 정도로 그치고, 세도정치 이전의 안동김씨로 가보죠."

"김극효에게는 5명의 아들이 있었나요?"

"예. 병자호란 때 강화도에서 무기고 안에서 자폭한 우의정 김상용, 2남 상관, 3남 상건, 좌의정을 지낸 상헌, 5남 상복이 있었습니다."

"이들의 증조부가 누군가요?"

"김번입니다. 묘소는 소위 조선 8대 명당이라 합니다."

"김번의 묘소에서 일자산형이 있었소?"

"예. 지금은 도시계획으로 도로가 나면서 잘린 산이 있습니다. 1998년에 광찬의 묘를 이장할 때 그려놓은 초기 산형도가 그 댁 족보에 실려 있는데, 양쪽 어깨를 가진 일자산형이 정면에 있는 것을 확인하였습니다."

"그렇다면 이야기가 되네."

"네?"

"영의정 김수흥, 수항 형제와 참의 수증이 서로 형제이고, 대사헌 수홍이 이들의 6촌인데, 이들의 증조부는 김극효이지."

"그렇다면 김극효의 묘소가 명당……?"

"그렇지요. 김번과 김극효의 묘는 바로 이웃하고, 이들의 묘소가 모두 명당이며 모든 산형을 공유하지요."

"알았습니다. 족보에 나와 있는 '양쪽 어깨가 있는 일자산형이 바로 김상용, 상헌 형제와 김수흥, 수항 형제들이 동시에 재상이 된 것과 관계가 있다' 이런 말씀인가요?"

"빙고."

"그런데 산형이 같은데 정1품이라도 한쪽은 좌의정, 우의정으로 다른 쪽은 2명의 영의정. 왜 그럴까요?"

"그건 앞으로 우리가 해결해야 할 숙제라오."

"그런데 '하나의 산형에서 두 사람이 나온다' 이런 것도 성립하네요."

"이제 갈수록 똑똑해지는군. 이 책이 끝날 때쯤에는 두 명의 천재가 나오겠소."

"감사합니다."

세도정치는 김조순이 생각했던 원래의 뜻과는 달리 나라를 어지럽혀 위기에 빠뜨리는 결과를 낳았다. 어쩌면 이렇게 오늘날 상황과 비슷할까? 조조는 언젠가 읽었던 한 구절이 생각났다. 백 명이 한 사람보다는 똑똑하다. 백 가문이 한 가문보다 똑똑하다.

세도정치가 한창일 때 아무나 벼슬을 하고, 돈만 주면 높은 자리에도 올라가고, 심지어 가족끼리는 아무렇게나 벼슬을 나누어 가졌을까?

조조는 두 사람을 다시 불렀다.

"조선의 세도정치라고 들어봤소?"

"중국은 그보다 더한 적이 아주 많았습니다. 환관의 정치, 측천무후나 서태후와 같은 여제들의 전횡 등등 많은 경우가 있었습니다."

"그렇지. 조선 땅에도 고려의 기황후를 비롯해서 조선의 문정왕후 같은 인물이 있었는데, 내가 이야기하고 싶은 것은 이렇게 훌륭한 안동김씨, 아니 장동 김문에서 세도정치를 할 때 어떤 일이 있었는지를 한 번 알아보자는 거요."

"좋습니다."

"세도정치 때 김흥근과 김좌근은 모두 영의정을 지냈나요?"

"영의정 김흥근, 좌의정 홍근, 판서 응근은 형제간이며, 이들의 6촌이 영의정 김좌근입니다."

"그러면 이들의 증조부는 누구죠?"

"김달행입니다."

"김달행의 증손에서 정1품이 3명이나 나왔군요."

"또 다른 가문이 있습니까?"

"영의정 김병시, 병덕도 형제인가요?"

"영의정 김병시, 좌의정 김병덕은 사촌간입니다. 이들의 증조부는 김이기입니다."

"김이기의 증손에서는 정1품이 2명 나오고······."

"무슨 말씀인지요?"

"김달행과 그의 아들 이기의 묘소는 같은 저수지 옆에 있는데, 양쪽 어깨가 올라간 일자산형을 공유하고 있지요. 그런데 김달행의 묘소에서는 주위가 모두 열려 있으나, 김이기는 그렇지 않다네. 어쨌든 동일한 일자산형에서 2~3명의 정1품 관직자가 나왔다는 것은 특이한 일이지요."

"김번과 김극효의 산형보다 낮다고 할 수 있나요?"

"그걸 평가하려면 새로운 기준이 필요할 텐데. 그건 중요하지 않으니 여기서 정리하죠."

"조금은 아쉬운데요."

"안동김씨의 4개의 묘소에서 어떤 결론을 내릴 수 있소?"

"쉽지는 않지만, '하나의 산형에서 2명 이상의 동일 직위나 직급을 가진 후손이 나올 수 있다. 산형은 공유한다. 명당의 경우에' 이렇게 하면 될까요?"

"좋았소."

제7장

조선의 명문가

조선시대에는 수많은 명문가들이 있었다. 재상이 많이 나온 집안, 존경받는 사람이 많이 나온 집안, 재산이 많은 집안 등등. 그중에서 충무공 이순신과 율곡 이이로 대표되는 덕수이씨 중에서 존경은 받으나 상대적으로 덜 알려진, 병자호란 때 김상헌과 함께 청나라에 끌려갔다온 택당 이식 선생 가문, 조선후기의 역사에서 언제나 곤혹스러운 입장이 되어버린, 19세기 세도정치의 주역으로 살다 간 (신)안동김씨 김상헌~김조순 가문. 조부에서 손자까지 3대 정승을 배출한 청풍김씨 김징 가문과 3대 대제학을 배출한 광산김씨 김장생 가문. 이들 가문의 묘소 관찰과 가계조사를 통하여 우리가 무엇을 기준으로 평가를 해야 할지에 대하여 명확한 기준을 제시했다.

1. 청풍김씨 김징(金澄) 가문

청풍김씨는 조선시대에 문과 급제자가 101명에 달하는 유력 사족 집단인데, 왕비 2명, 상신 8명, 대제학 3명, 호당 2명, 청백리 1명, 공신 7명을 배출하였다. 특히 조선 후기인 숙종, 영조, 정조 대에 왕비와 상신 및 대제학 등이 배출되어 모두가 당쟁에 관여했던 인물들이었다.

청풍김씨를 명문가로 중흥시킨 인물로는 현종 때 전라도관찰사 김징(金澄)을 들 수 있다. 김징의 아들 구(構)는 6조의 판서를 역임한 후 1703년(숙종 29) 우의정을 지냈고, 그의 동생은 대제학을 지낸 유(楺)이다. 우의정 구의 아들 희로(希魯)는 영조 때 공조판서와 동지중추부사를 지냈다. 희로의 동생 재로(在魯)는 문과에 급제하고 1728년 이인좌(李麟佐)의 난을 평정하는 데 공을 세워 병조 판서에 올랐으며, 좌우의정을 거쳐 1740년(영조 16) 영의정에 올랐다. 재로의 아들 치인(致仁)은 정조 때 판중추부사가 되어 청나라에 다녀와서 봉조하가 되고 1785년(정조 9) <대전회통(大典會通)> 편찬을 총재했으며, 이듬해 영의정에 기용되어 조부 김구(金構, 우의정), 아버지인 김재로(金在魯, 영의정)와 함께 3대 정승(政丞)이자 부자영상(父子領相)이 되어 청풍김씨를 명문의 반석 위에 올려놓은 인물이 되었다.

우의정 김구를 중심으로 '만가보'에서 확인한 그의 가계도는 [그림 28]과 같다. 김구의 증조부는 김인백이며, 정랑을 지낸 조부 김극형, 관찰사 김징 등이 확인되는데, 김구 대에 이르러 우의정과 대제학, 승지가 나왔다. 이처럼 청풍김씨의 중흥이 시작된 우의정 김구를 만든 이를 찾기 위해서 풍수과학의 이론에 따라 그의 증조부모의 묘소를 확인하였다. 경기도 의왕시 왕곡동에 있는 김인백의 묘는 비명당이며, 의왕시청 부근의 그의 부인인 안동권씨의 묘는 명당에 해당한다. 많은 전통풍수가들 사이에 조선8대 명당으로 불리는 곳 중의 하나이지만, 보편성과 객관성이 있는 판정 기준도 없이 그렇게 평가한 것에는 많은 문제가 따른다. [그림 29]의 안동권씨의 묘소의 특징을 기술하면, 등받이의 경사변화가 관찰되는 장자 발복형이며, 당판의 경사가 심하고, 당판보다 전순의 경사가 더 크기 때문에 발복은 장자>>중자>말자 순이다. 그런데 [그림 28]의 가계도에 의하면 부인의 아들인 김극형이 독자이므로 발복형은 의미가 없다. 증손자 대에서는 우의정(구), 대제학(유), 승지(고) 등의 당상관과 다수의 고위 관직자가 나왔다.

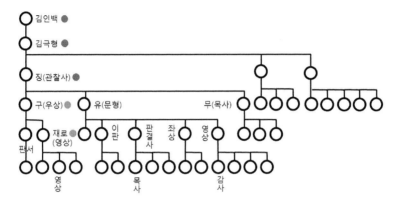

[그림 28] 김인백 가계도

김인백의 독자인 김극형 부부의 묘는 충북 충주시 봉황면에 있다. 그 모양은 [그림 29]에 있는데, 명당 묘소에 해당한다. 이 묘소도 등받이에 경사변화가 관찰되므로 장자 발복형에 해당하며, 당판이 짧고 전순이 급경사에 해당하므로, 종합적인 발복은 그의 모친인 안동 권씨와 같이 장자>>중자>말자 순이다. 김극형은 관찰사 징, 목사 순, 그리고 견 등의 세 아들을 두었다. 장남인 김징의 손자들 중에는 영의정 2명(재로, 상로), 좌의정(약로), 판서 2명(희로, 취로), 판결사

(정3품) 등의 당상관이 나왔다.

김극형의 장남인 김징의 묘소는 그의 조부인 김인백의 묘소 부근인 경기도 의왕시 왕곡동에 있으며, 명당 묘소에 해당하고 그 모양은 [그림 29]와 같다. 이 묘소의 특징은 그의 부모 묘소와 같이 등받이에 경사변화가 있는 장자 발복형인데, 당판 경사는 완만하지만 전순 경사가 매우 심하다. 그래서 발복은 장자>중자>>말자 순이라 할 수 있다. 김징의 증손자 대에서 영의정(치인), 관찰사(치양) 등의 당상관과 목사 3명(치만, 치일, 치온)이 나왔다.

이제 김인백의 부인 안동권씨(명당 묘소)의 증손인 김구와 관련된 선대 묘소의 발복형을 확인할 순서이다. 안동권씨 묘소는 장자 발복형이지만 독자인 김극형에 해당하며, 김극형의 묘소는 장자 발복형이므로 장자인 김징으로 연결된다. 김징의 묘소도 장자(~중자) 발복형이므로 김구가 영의정을 지냈다. 김징의 세 아들은 우의정(장자)>대제학(중자)>목사(말자)를 지냈다.

김극형의 명당 묘소에 의한 영향은 장자(김징)-장자(김구)로 연결되고, 김구의 묘소는 비명당이며 그 모양은 [그림 29]에 있다. 김구의 묘소는 서울 몽촌토성에 있는데, 등받이에 경사변화가 없고 당판에서 전순까지 기울기 변화가 없으므로 말자 발복형에 해당한다. 김구에게는 희로와 재로 등 두 아들이 있으므로 말자인 재로에게 김극형의 명당 영향이 가장 강하다고 할 수 있다. 실제로 영의정(말자)>판서(장자)로 나타났다.

김징의 명당 묘소에 의한 후손 출현은 김징과 김구 그리고 김재로의 묘소 유형에 의해 결정된다. 김징의 묘는 장자 발복형, 김구의 말자 발복형으로 김재로에 이르렀다. 인천광역시 남동구 운연동에 있는 김재로의 묘소는 [그림 29]와 같은데, 그의 묘소는 거의 완경사 능선에 위치하고, 입수 무변화로서 전순 급경사 형태이므로 등받이가 없는 형태이다. 따라서 중자 발복형에 속한다. 김재로에게는 치일, 치인, 치언 등 세 아들이 있으므로 중자인 치인에게 김징의 명당 영향이 집중된다고 할 수 있다. 실제로는 중자(영의정)>장자(목사)>> 말자의 형태로 나타났다.

(a) 김인백 부인 안동권씨 묘

(b) 김극형 부부 묘

(c) 김징 부부 묘

(d) 김구 부부 묘

(e) 김재로 부부 묘

[그림 29] 청풍김씨 김인백 가문의 묘소

김징의 중자인 대제학을 지낸 김유의 가계에 대한 평가도 김인백 부인 안동권씨(장자)-김극형(장자)-김징(장>중>말)--김유(말>중>장)-김상로(장>중>말) 형태로 분석이 가능하다. 이에 따른 묘소의 발복형은 묘소가 있는 현장에서 확인 가능하다.

이상과 같이 묘소의 명당 여부와 발복 유형 판정으로부터 후손의 출현여부를 확인할 수 있었다. 더욱이 누구에게 명당의 영향을 가장 많이 받는 인물인지를 확인할 수 있었다. 조선시대의 명문인 청풍김씨의 출현을 확실하게 알린 사람은 우의정 김구와 대제학 김유이며, 그들의 3대손인 대제학과 좌의정을 지낸 김종수에 이르기까지 영의정 3명, 좌의정 2명, 우의정 1명, 대제학 2명 등이 나타났다. 이들의 출현을 알린 것은 김인백의 부인인 안동권씨의 묘소이지만, 많은 후손과 높은 관직자를 배출한 묘소는 안동권씨의 아들인 충주에 있는 김극형 부부의 묘소라 할 수 있다. 높은 벼슬을 지낸 후손이 많은 묘소를 좋은 곳이라 한다면 안동권씨 묘소보다는 김극형 부부의 묘소가 훨씬 뛰어나다 할 수 있다.

2. 광산김씨 사계 김장생 가문

한국민족문화대백과에 실린 조선 중기의 문신인 김장생에 대한 기록이다. 사계 김장생(金長生, 1548~1631)은 조선 중기의 학자이며 문신이다. 본관은 광산(光山)이며 서울 출신으로 아버지는 대사헌 김계휘(金繼輝)이며, 어머니는 평산신씨(平山申氏)로 우참찬 신영(申瑛)의 딸이다. 송익필(宋翼弼)로부터 사서(四書)와 <근사록(近思

錄> 등을 배웠고, 20세 무렵에 이이(李珥)의 문하에 들어갔다. 1578년(선조 11) 학행(學行)으로 천거되어 창릉참봉(昌陵參奉)이 되고, 1581년 종계변무(宗系辨誣)의 일로 아버지를 따라 명나라에 다녀와서 돈녕부참봉이 되었다. 그 뒤 순릉참봉(順陵參奉)과 평시서봉사(平市署奉事)를 거쳐 활인서(活人署)·사포서(司圃署)·사옹원(司饔院) 등의 별제(別提)와 봉사(奉事)가 내렸으나 모두 병으로 나가지 않았다. 그 뒤에 동몽교관(童蒙敎官)·인의(引儀)를 거쳐 정산현감(定山縣監)이 되었다. 1592년 임진왜란 때 호조정랑이 된 뒤, 명나라 군사의 군량 조달에 공이 커 종친부전부(宗親府典簿)로 승진하였다. 1596년 한때 연산으로 낙향했는데, 단양·양근 등지의 군수와 첨정(僉正)·익위(翊衛)의 관직이 거듭 내려졌으나 부임하지 않았다. 이듬해 봄에 호남지방에서 군량을 모으라는 명을 받고 이를 행해 군자감첨정(軍資監僉正)이 되었다가 곧 안성군수가 되었다.

　1601년 조정에서 <주역구결(周易口訣)>의 교정에 참가하도록 불렀으나 병으로 나가지 못하였다. 이듬해 청백리로 올려졌으나, 북인이 득세하는 것을 보고 1605년 관직을 버리고 연산으로 다시 내려갔다. 그 뒤에 익산군수를 지내고, 1610년(광해군 2) 회양·철원부사를 역임하였다. 1613년 계축옥사 때 동생이 연좌되었다가 무혐의로 풀려나자, 관직을 버리고 연산에 은둔해 학문에만 전념하였다. 그 뒤 인조반정으로 서인이 집권하자 75세의 나이에 장령으로 조정에 나갔으나, 곧이어 사업(司業)으로 옮겨 원자보도(元子輔導)의 임무를 겸하다가 병으로 다시 낙향했다. 이듬해 이괄(李适)의 난으로 왕이 공주로 파천해오자 길에 나와 어가를 맞이하였다. 난이 평정된 뒤 왕을 따라 서울로 와서 원자보도의 임무를 다시 맡고 상의원정

(尙衣院正)으로 사업(司業)을 겸하였다. 집의(執義)를 거친 뒤 낙향하려고 사직하면서 13가지의 중요한 정사(政事)를 논하는 소를 올렸다. 그 뒤 좌의정 윤방(尹昉), 이조판서 이정구(李廷龜) 등의 발의로 공조참의가 제수되어 원자의 강학을 겸하는 한편, 왕의 시강과 경연에 초치되기도 하였다. 1625년에 동지중추부사를 임명받았으나 이듬해 다시 사직해 행 호군(行護軍)의 산직(散職)으로 낙향한 뒤 이이·성혼(成渾)을 제향하는 황산서원(黃山書院)을 세웠다. 같은 해 용양위부사직으로 옮기고, 1627년 정묘호란 때 양호호소사(兩湖號召使)로서 의병을 모아 공주로 온 세자를 호위하였다. 곧 화의가 이루어지자 모은 군사를 해산하고 강화도의 행궁(行宮)으로 가서 왕을 배알하고, 그 해 다시 형조참판이 되었다.

그러나 한 달 만에 다시 사직해 용양위부호군으로 낙향한 뒤 1630년에 가의대부로 올랐으나, 조정에 나가지 않고 줄곧 향리에 머물면서 학문과 교육에 전념하였다. 늦은 나이에 벼슬을 시작하고 과거를 거치지 않아 요직이 많지 않았지만, 인조반정 이후로는 서인의 영수격으로 영향력이 매우 컸다. 인조 즉위 뒤에도 향리에서 보낸 날이 더 많았지만, 김장생의 영향력은 이이의 문인으로 줄곧 조정에서 활약한 이귀(李貴)와 함께 인조 초반의 정국을 서인 중심으로 안착시키는 데 결정적인 구실을 하였다. 학문과 교육으로 보낸 향리 생활에서는 줄곧 곁을 떠나지 않은 아들 김집의 보필을 크게 받았다.

김장생의 문인은 많은데, 송시열(宋時烈)·송준길(宋浚吉)·이유태(李惟泰)·강석기(姜碩期)·장유(張維)·정홍명(鄭弘溟)·최명룡(崔命龍)·김경여(金慶餘)·이후원(李厚源)·조익(趙翼)·이시직(李時稷)·윤순거(尹舜擧)·이목(李楘)·윤원거(尹元擧)·최명길(崔鳴

吉)·이상형(李尙馨)·송시영(宋時榮)·송국택(宋國澤)·이덕수(李德洙)·이경직(李景稷)·임의백(任義伯) 등 당대의 비중 높은 명사를 즐비하게 배출하였다. 아들 김집도 문하이지만, 문인들 사이에는 김장생을 '노선생', 아들을 '선생'으로 불렀다고 한다. 학문적으로 송익필·이이·성혼 등의 영향을 함께 받았다. 하지만 예학(禮學) 분야는 송익필의 영향이 컸으며, 예학을 깊이 연구해 아들 김집에게 계승시켜 조선 예학의 태두로 예학파의 한 주류를 형성하였다. 서얼 출신이던 송익필이 아버지 송사련(宋祀連)의 일로 환천(還賤: 천인으로 되돌아감)되자 억울함을 풀어주기 위해 같은 문하의 서성(徐渻)·정엽(鄭曄) 등과 신변사원소(伸辦師寃疏)를 올렸다.

또한, 이이와 성혼을 위해 서원을 세우고 1만 8,000여 자에 달하는 이이의 행장을 짓기도 하였다. 스승 이이가 시작한 <소학집주(小學集註)>를 1601년에 완성시켜 발문을 붙였는데, <소학(小學)>에 대한 관심은 예학과도 깊은 관련이 있다.

저서로는 1583년 첫 저술인 <상례비요(喪禮備要)> 4권을 비롯, <가례집람(家禮輯覽)>·<전례문답(典禮問答)>·<의례문해(疑禮問解)> 등 예에 관한 것이 있고, <근사록석의(近思錄釋疑)>·<경서변의(經書辨疑)>와 시문집을 모은 <사계선생전서(沙溪先生全書)>가 전한다.

1688년 문묘에 배향되었으며, 연산의 돈암서원(遯巖書院)을 비롯해 안성의 도기서원(道基書院) 등 10개 서원에 제향되었다. 시호는 문원(文元)이다.

김장생은 율곡의 제자로서 예학의 거두였다. 그의 후손들은 3대에 걸쳐 대제학 4명이 나왔다. 그의 손자 김익희, 증손자 김만기와 만중 형제, 4대손 김진규, 5대손 김양택이 그들이다. 이 중에서 김만기-김 진규-김양택은 직계로 3대에 걸쳐 대제학을 지냈다. 대구서씨와 연 안이씨, 덕수이씨 및 광산김씨 가문에서만 관찰되는 극히 드문 현상 이라 할 수 있다. 저자의 다른 저서 <명당>에 의하면 대제학의 묘소 가 명당이 아니라서 증손자 대에서는 당상관이 나오기 힘들다는 일 반론을 만족한 것일까? 이 가문의 대제학 행진은 3대로 그쳤다. 만 약 4대까지 대제학이 출현했다면 이 법칙의 예외가 되었을 것이다. 이 법칙에 위배된 경우는 오로지 대구서씨 서유신 가계이다.

3대 대제학으로 유명한 광산김씨는 대구서씨에 이어 최고의 가문 임에 틀림없다고 할 수 있다. 흔히 조선시대에는 국반과 향반이 있 었다고 한다. 나라에서 알아주는(유명한) 대단한 양반인 국반과 지 역에서 알아주는 향반이란 의미인데, 현대어로 바꾸면 국반은 전국 구이고 향반은 지역구라는 의미이다. 국반 중에서도 톱에 속하는 광 산김씨의 명성은 사계 김장생과 그의 아들인 신독재(愼獨齋) 김집으 로부터 시작되었다 할 수 있었다. 한국민족문화대백과에 실린 조선 중기의 문신인 김집에 대한 기록을 보자.

김집(金集, 1574~1656)은 서울에서 태어났으며, 본관은 광산(光 山)이다. 아버지는 장생(長生)이며, 어머니는 창녕조씨(昌寧曺氏)로 첨지중추부사(僉知中樞府事) 대건(大乾)의 딸이다. 아버지 김장생과 함께 예학의 기본적 체계를 완비하였으며, 송시열(宋時烈)에게 학문 을 전하여 기호학파 형성에 중요한 역할을 하였다. 1591년에 진사시 에 2등으로 합격했으나, 사장학(詞章學: 시와 문장을 짓는 데 힘쓰는 학문)보다는 경전연구와 수양에 전념하였다. 1610년(광해군 2)에 헌

릉참봉(獻陵參奉)에 제수되었으나, 광해군의 정치에 반대하여 은퇴하였다. 인조반정 후 다시 등용되어 부여현감과 임피현령(臨陂縣令)을 지냈고, 그 뒤 전라도사, 선공감첨정 등에 거듭 임명되었으나 나아가지 않고 사직하였다. 이후 학업에 전념하여 정홍명(鄭弘溟)과 태극설(太極說)을 논하였고, 윤선거(尹宣擧) 등과는 상례에 대해 논하였다. 또한 아버지 김장생이 편찬한 <의례문해(疑禮問解)> 등을 교정하고 편집하는 일에 전심전력하였다.

그 뒤 동부승지, 우부승지, 공조참판, 예조참판, 대사헌 등을 역임하였으나, 오래 머물지 않고 바로 사임하였다. 이에 태학의 유생들이 벼슬에 오래 머물도록 해달라는 소를 올리는 등 사람들에게 그의 덕망은 흠모의 대상이 되었다. 1649년(효종 즉위년) 대임(大任)을 맡겨달라는 김상헌(金尙憲)의 특청을 효종이 받아들여 이조판서에 임명되었다. 이때 효종과 함께 북벌을 계획하기도 하였다. 1653년(효종 4)에 좌참찬을 거쳐 이듬해 판중추부사에 임명되었으나, 효종의 각별한 배려에도 불구하고 초야에 묻혀 경전연구와 수양에 힘썼다. 이이(李珥)의 학문과 송익필의 예학(禮學), 그리고 아버지 김장생(金長生)의 학문을 이어받았으며, 그 학문을 송시열에게 전해주어 기호학파를 형성하는 데 중요한 역할을 하였다. 저서로는 <신독재문집>이 있고, 편저로는 <의례문해속(疑禮問解續)>이 있다.

[상훈과 추모] 1883년(고종 20) 영의정에 추증되었으며, 문묘와 효종묘에 배향되었다. 연산의 돈암서원(遯巖書院), 임피의 봉암서원(鳳巖書院), 옥천의 창주서원(滄州書院), 황해도 봉산의 문정서원(文井書院), 부여의 부산서원(浮山書院), 광주(光州)의 월봉서원(月峯書院) 등에 제향되었다. 시호는 문경(文敬)이다.

조선의 양반들은 형식과 격식을 중요하게 생각하였다. 세속에 물든 재상보다는 학문적으로 존경받는 대제학을 존경하고 높이 생각하였지만, 왜 품계가 정2품에 지나지 않지만 무한의 존경을 받았던 대제학을 지낸 후에 같은 정2품인 판서나 그보다 높은 종1품인 찬성이나 정1품인 재상으로 가는 것을 영전이라고 생각했을까? 더욱 이 가문을 평가할 때도 한 명의 대제학이 3명의 재상에 가름한다든가 '대제학 한 명은 10명의 재상이 부럽지 않다'라는 말이 있을까? 정말로 아이러니하다 할 것이다.

왜 광산김씨가 국반의 톱에 위치했을까? 그것은 오로지 김만기로부터 시작하여 김진규를 거쳐 김양택에 이르는 직계 3대 대제학이 나왔기 때문이었다. 그래서 조선의 양반들은 광산김문을 국반에 올렸고, 이 가문의 직손이 아니더라도 오로지 광산김문이라면 존경의 대상이 되었다.

그런데 한 가지 이상한 현상을 발견할 수 있다. 조선시대는 물론 오늘날까지 존경을 받는 조선시대의 위대한 선생님들. 예를 들자면 퇴계, 율곡, 화담, 점필제, 한훤당, 신독제, 탁영, 남명, 고봉 등을 비롯한 수많은 학자들. 그들은 많은 사람들로부터 존경을 받았다. 그런데 그들의 증손자들을 조사해보면 매우 재미있는 현상을 발견할 수 있다. 소위 말하면 '변변한 자리 하나 차지하는 분이 없다'는 점이다. 변변한 자리가 너무나도 속물스런 것이라서 고고한 인품과 맞지 않은 것일까?

더욱 이상한 점은 귀족의 나라, 양반의 나라에서 왜 그분들의 적자는 제대로 활동을 못했을까? 율곡에게는 적자가 없이 서자만 두었다. 정실부인께서 첫 출산 시에 잘못되어 더 이상 임신이 불가능하게 되었기 때문이다. 신독재는 부친인 사계 선생의 주장으로 한 정략결혼 덕택에 지적장애자로 태어난 기계유씨를 부인으로 맞아 적자를 생산할 수 없었다. 이런 특수한 경우가 아니더라도 수많은 선생이라는 칭호로 존경을 받았던 대부분의 학자들의 후손들은 변변한 활동을 하지 못했다. 더러는 서자라서, 더러는 과거에 급제하지 못해서 오로지 음직으로 양반으로서의 명맥만 유지한 것일까? 밝은 태양이 만든 칠흑 같은 어둠일까?

사계 김장생을 능가하는 신독재 김집의 후손이 빛을 발하지 못한 것은 오로지 천출이라는 이유 때문이었다. 지적 장애자인 정실부인이 40세가 넘도록 살아계신 덕에 그는 젊은 양반여성과 재혼할 기회를 놓친 것일까? 야사에 의하면 40세가 넘어 신독재의 정실부인이 별세하자 사계는 신독재에게 재혼을 권했다.

"이제 새로 시작하는 것이 어떻겠느냐?"

"또다시 고통을 받으라는 뜻입니까?"

예학의 최고봉으로 존경받는 그에게 재혼이란 말도 안 되는 일이었다.

"제사는 적장손으로 하여금 지내도록 하겠거니와, 제 제사는 서장자로 하여금 받들게 하겠습니다."

신독재의 첩은 존경하는 스승 율곡의 서녀였다. 그녀와의 사이에서 이미 두 아들을 두고 있었기에 그는 재혼의 필요성을 느끼지 못했다. 정말일까? 예학의 태두로서의 자존심일까? 신기하게도 대제학의 증손들은 극히 일부분의 예외를 제외하고 당상관에 진출하지 못했다. 이와는 달리 재상을 지낸 이들의 증손자들은 쉽게 당상관에 진출했다. 이러한 사실은 무엇을 의미할까?

광산김문에서 가문의 영광이 시작된 김익희의 대제학 진출은 오로지 그의 증조부인 김계휘의 묘소에서 확인해야 한다. 김계휘의 묘소는 충남 논산시 고정리에 있는데, 부인이 위쪽, 본인은 바로 아래에 있다. '만가보'에 의하면 그에게는 두 아들이 있는데, 장자는 참판을 지낸 김장생이며, 말자는 김태생이다. 발복의 입장에서 평가하면 부부의 묘소 중에서 명당에 해당하는 것은 장자 발복지에 해당해야 한다. 실제로 이 묘소를 방문하지 않았지만 [그림 31]의 사진에서 확인해보면 아래쪽에 있는 그의 묘소는 등받이에 경사변화가 없고 전순이 길게 발달한 말자 발복형이며, 그의 부인 묘소는 등받이의 경사변화와 입수변화가 관찰되는 장자 발복형이다. 따라서 후손의 출현을 고려하면 대사헌을 지낸 김계휘의 묘소가 아니라 그의 부인의 묘소가 명당에 해당할 것으로 판단된다. 이상은 지금까지 도출된 풍수과학의 이론에 따른 결론이다.

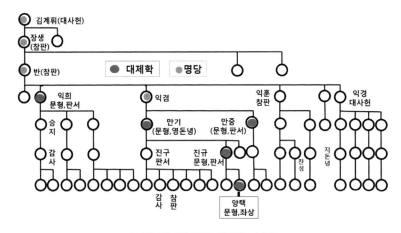

[그림 30] 광산김씨 김장생 가계도

김계휘의 장자인 장생의 묘소는 부모의 묘소에서 얼마 떨어지지 않은 논산시 고정리에 있는 광산김씨 묘역의 제일 위쪽에 있는데, 그의 7대 조 조부인 김문의 부인인 양천허씨의 묘보다 위에 있다고 많은 풍수 호사가들의 입에 오르내리고 있다. 전통 관념 중에는 이해할 수 없는 특이한 것이 있는데 그것은 바로 역장이다. 어찌나 관념을 고집하는지 사소한 일에도 대립을 하니 조선 중후기에는 여러 당파들 간의 대립이 국정을 어지럽힌 적도 많았다. 당쟁의 습성은 쉽게 사라지지 않아서 현대에도 그 정도가 너무 심각한 지경에 이르렀는데, 오죽하면 '수첩공주' 같은 현상으로까지 발전하여 급기야 최고 지도자가 되기도 했다. 반드시 '백 명이 한 명보다 똑똑하다'는 사실을 명심해야 한다. 역장은 조손 혹은 부자 관계에서 묘소의 위치가 아래위로 바뀐 것을 말한다. 산의 높은 곳에서 낮은 곳으로 할아버지에서 손자의 순으로 묘를 조성해야 한다는 관념이 만든 이해할 수 없는 역장이라는 개념은 묘를 조성할 당시의 특별한 상황을 이해하지 못한데서 출발한 것은 아닐까?

유명한 묘소 중에는 조손 혹은 부자의 관계에서 역장으로 조성된 경우가 많다. 양천허씨 묘가 명당이라는 평가가 있지만 여기서는 논의 대상이 아니므로 제외한다. 참판을 지낸 김장생 묘는 [그림 31]에 나타나 있는데, 입수변화·순경사를 확인하기 쉽지 않지만 명당의 제1조건을 만족하고 전자기 측정으로 명당임이 확인된 곳이다. 그의 묘소는 등받이에 경사변화가 분명하지 않고 전순 급경사인 중자 발복형이며 발복의 정도는 중자>말자>장자로 예측된다. 슬하에 많은 아들을 두었다. '만가보'의 기록은 족보 기록과는 약간의 차이가 있지만, 가문의 족보 기록을 택하였다. 그에게는 4명의 아들이 있는데,

장자는 전쟁 중에 사망하였고, 2남은 종1품 판중추부사를 지낸 신독재 김집이지만 그의 자손은 내세울 것이 없는 것이 아쉽다. 3남은 참판을 지낸 반인데 그의 후손이 가장 번성하였다. 따라서 김장생의 묘소는 3남>2남>말자>장자의 순으로 후손이 번성하였다 할 수 있다.

[그림 31]에 있는 김반의 묘소는 일반적인 묘소와 그 형태가 조금 다르다. [그림 32]에 내룡과 전자기 탐사로 측정한 김반 묘소의 혈판의 형태를 나타내었다. 김반 묘의 봉분 방향은 그의 아들 김익겸 묘의 봉분 방향과 같이 능선의 진행방향과 같은 방향으로 아래를 향하고 있다. 김익겸 묘의 혈의 장축은 봉분의 방향과 같은 방향이지만, 김반 묘의 혈의 장축은 봉분과 수직방향이다. 김반 묘소는 육안으로 관찰할 때 등받이에 기울기 변화가 있고 전순이 급경사인 장자 발복형이지만, 혈의 장축 방향이 능선에 수직이므로 입수 1절이 묘소보다 낮은 입수 이상 묘이므로 장자나 장손에게 아들이 없게 되는데, 실제로 김반의 장자에게는 아들이 없다. 그래서 김반 묘는 등받이가 없고 전순이 급경사인 중자 발복형이다.

김반은 6명의 아들을 두었는데, 대제학과 이조판서를 지낸 2남 익희, 참판을 지낸 4남 익훈, 대사헌을 지낸 6남 익경이 있다. 병자호란에서 순국한 3남 익겸의 후손이 가장 번성하였는데, 광산김씨의 후손 번성을 대표한다고 할 수 있다. 4명의 대제학과 1명의 왕비가 모두 익겸의 3대 이내 자손들이다. 이로부터 김반 묘는 중자 발복형이지만 3남>2남>4남>6남>5남>장남의 순으로 발복의 영향을 평가할 수 있다. 이상의 결과를 정리하면 김계휘의 명당 묘소는 김계휘(독자)-김장생(3남)-김반(3남)의 과정을 거쳐 발복의 결과가 나타난다고 할 수 있다.

김장생의 명당 묘소에 의한 결과는 김장생(3남)-김반(3남)으로 연결되는데 최종적으로는 김익겸의 묘소에 의해서 결정된다. [그림 31]과 [그림 32]의 결과에서 김익겸의 묘소는 등받이의 경사변화와 전순의 급경사로부터 장자 발복형으로 평가된다. 따라서 김장생 묘소는 김장생(3남)-김반(3남)-김익겸(장자)의 과정을 거쳐 김만기에게

(a) 김계휘 묘

(b) 김장생 묘

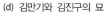

(c) 김반과 김익겸의 묘

(d) 김만기와 김진구의 묘

(e) 김진규 묘

[그림 31] 김장생 가문 묘소

명당 효과가 집중된다고 할 수 있다.

김만기 묘소의 형상은 [그림 31]에 나타나 있는데, 비록 비명당에 해당하지만 등받이에 경사변화가 없고 넓고 완만한 당판과 당판보다 큰 경사율을 가진 전순으로부터 중자 발복형으로 평가된다. 김만기에게는 3남이 있는데 중자인 김진규에게 발복이 집중될 것으로 예측된다. [그림 31]의 김진규 묘소 사진에서 그의 묘소는 등받이에 경사변화가 없고 전순 경사가 급하여 중자 발복형인데 발복의 순서는 중자>말자>장자인 것으로 보인다.

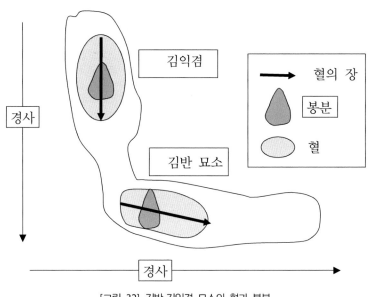

[그림 32] 김반-김익겸 묘소의 혈과 봉분

이상의 발복 평가를 정리하면 김장생(3남)-김반(3남)-김익겸(장자)-김만기(중자)-김진규(말자)의 순서로 발복이 진행될 것이다. 이러한 발복은 명당들인 김계휘-김장생-김반-김익겸의 묘소들에 대한 명당효과의 집중을 의미한다. 이러한 과정을 통하여 실제로 나타난 결과들은

① 김계휘의 명당 묘소에 의한 김익희(대제학), 김익훈(참판), 김익경(대사헌)의 출현

② 김장생의 명당 묘소에 의한 김만기(대제학, 영돈녕부사), 김만중(대제학, 판서)의 출현

③ 김반의 명당 묘소에 의한 김진구(판서), 김진규(대제학, 판서), 숙종의 인경왕후의 출현

④ 김익겸의 명당 묘소에 의한 김양택(대제학, 좌의정)의 출현 등이 된다.

3. 덕수이씨 택풍당 이식 가문

덕수이씨 가문에는 대제학, 좌의정 등을 지낸 학문이 뛰어나고 덕망이 높은 인재가 많이 배출되었다. 율곡 이이와 충무공 이순신 장군 같은 역사적 인물도 덕수이씨 사람이다.

능안이 위치하고 있는 '도문리'라는 지명도 자손들이 과거에 급제하면 열어주던 마을잔치를 이르는 말인 '도문'에서 유래되었다. 능안에는 3곳의 명당 묘소가 있다. 이의무의 묘와 그의 손자인 이원상의 묘가 명당에 해당한다. 묘소 뒤의 주산이 우뚝 솟아 있고, 용호가 나지막하고 부드럽게 배열된 매우 단정한 모습이다. 이원상의 묘소는 등받이에 경사변화가 없고 당판과 전순에 경사변화가 없는 전형적인 말자 발복형(말자>중자>장자)임을 알 수 있다.

택풍당(澤風堂, 경기도 양평군 향토유적 16호)은 광해군 11년 (1619) 이원상의 증손자인 이식(1584~1647)이 제자와 자손들을 교육하고 학문을 연구하기 위해 건립한 건물이다. 이식은 당대 손꼽히던 문장가로 문과에 급제하여 북평사(北評事) 및 선전관 등을 역임했다. 광해군 10년(1618) 폐모론이 일어나자 이곳 양동면 쌍학리로 낙향하여 택풍당을 짓고 오직 학문에만 전념했다. 호를 택당(澤堂)이라 한 것은 여기에 연유한다.

그는 이곳을 중심으로 자손과 제자들을 가르쳤다. 조선 말기까지 택풍당을 거쳐간 문중 후손들 중에는 출사한 사람이 대단히 많았다. 정승 3명, 판서급 10명, 문과급제자 22명, 무과급제자 17명, 생원·진사가 69명이나 배출되었다. 택풍당은 덕수이씨 가문에서 학문의 전당으로 중요한 기능을 수행했다. 인터넷에 실려 있는 택풍당 관련 내용을 그대로 소개한다.

택당 이식의 문집(文集)인 택당집(澤堂集)의 <택당선생별집(澤堂先生別集) 제11권 계산지(啓山志)>에 전라도 정읍 고부에 있던 조부 이섭의 무덤을 옮기는 과정을 직접 주관한 일에 대해서 다음과 같이 소상히 기록하고 있다.

나도 처음에 산을 정할 적에는 그 방서를 좋아하고 그 술사를 좋아하면서 지극히 경도(傾倒)되었던 것을 부인할 수가 없다. 천장(遷葬)하여 묘를 합치는 것이야말로 선인(先人)의 뜻이었다. 내가 조고(祖考)의 영구(靈柩)를 모시고 북쪽으로 향할 적에 매일 밤 꿈속에서 선부군(先府君)이 영구의 뒤를 따라오는 것을 보았는데, 꿈을 깨고 나서도 바로 옆에 계신 것과 같은 방불한 느낌을 갖곤 했다. 그 당시에 죽산(竹山) 땅에 있는 늙은 종에게 중로(中路)에서 양식을 운반하라고 명령을 내려놓고 있었다. 그런데 그 종도 홀연히 꿈속에서 부군(府君)을 뵈었는데, 부군이 명령을 내리기를 영구가 이미 출발하였다. 나도 배행(陪行)하기 위해서 남쪽으로 내려갈 것이니, 기일을 어기지 않도록 빨리 식량을 운반하라고 하였다 한다. 이렇게 두 꿈이 맞아떨어졌으므로 일행이 감동하면서 감히 나태한 생각을 갖지 못했다.

그때 전후로 재력을 있는 대로 끌어 모아 험하고 먼 길을 넘어서 세 차례의 상례(喪禮)를 행하고, 두 기의 묘(墓)를 조성하는 일을 완료하느라고 갖가지로 소요되는 비용이 이루 말할 수가 없는 가운데, 외로운 우리 형제(실제로 본인과 동생)와 이 일에 동원된 종과 말 모두가 손상을 받은 적이 한 번도 없었으며 일마다 순조롭게 진행되어 하나도 차질을 빚은 것이 없었다.

다만 처음에 하나의 산을 가릴 적에 방서를 본떠서 대략 형세를 점쳐보고, 선조의 묘소를 조성한 다음에 자손들이 대대로 여기에다 장례를 행하면서 깍듯이 받들어 지킨다면 그런대로 정령(精靈)과 혼백(魂魄)이 서로 의지하는 가운데, 하나의 기운이 유통(流通)되게 될 것이다. 그러다 보면 이 또한 길한 상서(祥瑞)를 열개하는 아름다운 일이요, 은연중에 복을 듬뿍 받게 되는 일이 될 것이니, 이를 어겨서는 안 되리라 여겨진다. 자사(子思)가 중니(仲尼)는 위로 하늘의 운행을 법도를 삼고, 아래로 물과 땅의 이치를 쫓았다. 그 땅을 정할 때 논한 바 '그 땅의 좋고 나쁨을 점칠 적에는 소목(昭穆)을 지리(地理)로 삼아야 할 것이다'라는 말 등이 가장 적당하다고 할 것이니 우리 자손들은 이 말을 명심해야 할 것이다.

택당선생(澤堂先生)의 조부(祖父)인 생원 이섭(李涉)이 묻혀 있는 명당(明堂)을 이식(李植)이 차지한 과정이 <택당집>에 비교적 소상히 적혀 있다.

당시의 이름난 풍수사 이의신 선생이 이 땅을 찾아 자기와 친한 재상에게 주어 그 부모를 장사 지내게 하려고 하였으나, 재상이 이곳에 무덤을 쓸 경우 그 권세에 눌릴 것을 두려워한 벽아골 앞에 마을주민들이 이를 저지하려고 하였으나 이룰 수가 없게 되자, 그 재상을 찾아가 다른 지관으로 하여금 다시 한 번 땅을 보게 해줄 것을 요청하였다. 그 술사는 평소 이의신의 실력에 경쟁심을 가지고 있었던지라 이를 방해하고자 하였다. 그 술사는 백아골에 도착하여 박씨 집에 숙박하면서 "이의신이 자리 잡은 곳을 아십니까"라고 마을 주민들에게 묻자 바로 이곳인데, "조상대대로 살아오면서 살펴보건대 여름철이면 큰 비가 올 때마다 샘이 솟아 큰물이 지곤합니다"라고 말하자 그 지관은 크게 기뻐하면서 이튿날 산에 올라가 말뚝을 꽂아 놓고 손가락으로 가리키며 "아무개 산 밖에 샘이 있습니까?"라고 묻자 마을 사람들이 있다고 대답하니 이 땅은 비록 아름답기는 하지만 반드시 수맥이 있을 것입니다. 한 자만 파보아도 증명할 수 있을 거라고 그 재상에게 전하자 재상은 이 땅을 쓰지 않았다. 그 후에도 근처 지방에서 풍수를 논할 때마다, 이 산을 가장 좋은 산으로 꼽아서 한양의 많은 사대부들이 이곳에 와서 산세를 둘러보곤 하였지만 그 때마다 마을 사람들이 부모를 물속에 장사지내려 하느냐고 반문하는 바람에 번번이 이곳에 묘를 쓸 생각을 하지 못하고 돌아가 버렸다.

그러나 우리 집이 양평읍 근처에 있었는데 초야에 묻혀 사는 친구가 그 속임수를 알고 있었고, 나 역시 풍수지리설에 대해 조금은 알고 있었기에 풍수지리법에 의거하여 그 땅을 살펴보니 본래 흉하거나 꺼려할 것이 없었다. 지사 오세준 선생은 이기론(理氣論)에 정통한 사람인데 역시 이곳이 길지임에 틀림없다고 하여, 마침내 이에 의심하지 않고 그곳에 도착하니, 처음에 마을사람들이 역시 같은 말을 하기에 내가 말하였다. "그렇겠습니다. 그런데 시험 삼아 한 번 살펴보는 것이야 어떻습니까" 하면서 두 곳의 땅을 파보니, 흙은 토실토실하고 단단하여 마치 고기의 지방질을 자르고 옥을 자른 모양으로서 습하거나 질퍽하지가 않았다. 이와 같이 길지임을 확인한 <택당(澤堂) 이식(李植)>은 정읍 고부에 있던 조부 묘를 이곳으로 이장하게 되었는데, 할아버지의 무덤 자리의 광중을 천광(穿壙)해보니 흙은 오색을 구비하여 그 빛깔이 빛나는 모양이 마치 무늬와 같았으며 흰색 석고와 비취색 돌들이 보였다.

조조 일행이 조선의 명가 중의 하나인 덕수이씨 택당가 묘소를 탐방하기로 한 것은 중요한 의미가 있었다. 5대의 묘소가 모두 한곳에 모여 있었고, 3대에 걸쳐 대제학 후손이 나왔으며, 양대에 정승이 나왔기 때문이다. 조선시대에 찾아보기 힘든 특이한 상황이라 할 수 있었다. 조조 일행이 택풍당에 도착했을 때는 서산 너머로 이미 해가 진 시각이었다. 묘소의 상황을 점검하기 위해서 묘원 전체를 한 번 둘러본 후 다음날 일찍 일어나 전자기 탐사를 하기로 했다.

날이 바뀌고, 아침 안개가 온 마을을 덮고 있었다. 조심스레 전기 탐사를 진행하고 있는데, 아래쪽에서 어떤 분이 다가오더니 뭘 하느냐고 물었다. 전체 상황을 설명하고 목적을 이야기하니 양 같이 순한 태도로 호의를 보였다. 택당 이식의 주손이라고 했다.

그는 묘소 아래의 마을에 종회 사무소와 종가가 자리하고 있다는 말과 함께 친절하게도 가문의 족보를 공개했다. 또 택당의 증조부모 묘소가 있는 위치 (당진시 능안)에 대한 정보도 가르쳐주었다. 마을과 묘원이 위치한 곳은 여느 명당 묘소와 마찬가지로 사방이 잘 감싸여 있었고, 주변의 산들도 모두 부드러운 곡선을 하고 있어 성품이 부드러운 후손이 대부분일 것이라는 예측이 가능했다. 이식의 증조부 묘소에서와 마찬가지로 안산 너머로는 멀리 우뚝 솟은 반듯한 삼각형의 산이 관찰되었다.

한 가문을 이해하기 위해서는 가계도가 필수적이다. [그림 33]에 있는 이식 가문의 가계도는 최 박사가 직접 작성했다. 최 박사는 풍수 역사에 하나의 족적을 남긴 인물이다. 영남대 풍수 연구에서 필요로 하는 가계도의 거의 대부분을 혼자서 만들었다. 이식의 5대 조부는 이의무로 다섯 아들을 두었다. 2남은 영의정을 지낸 기이며, 3남은 대제학과 좌의정을 역임한 행이고, 5남은 관찰사를 지낸 미이다. 행은 찰방을 지낸 차남 원상을 비롯한 네 아들을 두었다. 원상은 세 아들을 두었다. 장남은 정8품 용, 차남은 종5품 섭, 말자는 관찰사를 지낸 광이다. 차남인 섭은 찰방을 지낸 외아들 안성을 두었다. 안성은 두 아들을 두었는데, 장자인 식은 대제학과 판서를 지냈으나 말자는 절자되었다. 식의 세 아들 중에서 말자인 단하는 대제학과 좌의정을 지냈고, 중자인 신하는 당상관 정3품을 지냈다. 신하의 세 아들 가운데 중자인 여 역시 대제학과 영의정을 지냈다. 이로써 식, 단하, 여의 3대에 이르는 대제학이 배출되었다.

경기도 양평 택풍당에 있는 조부 섭의 묘소, 부친 안성의 묘소도

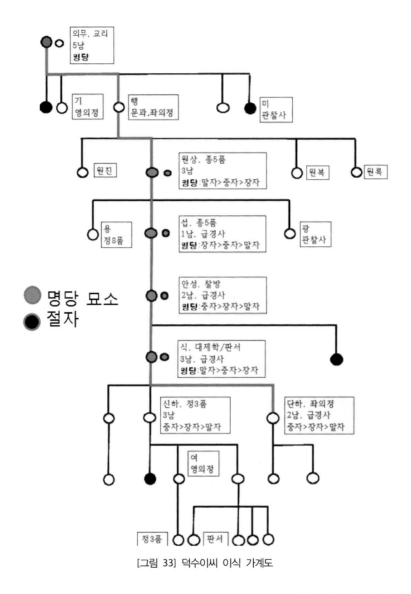

[그림 33] 덕수이씨 이식 가계도

명당으로 판명되었고, 식 본인의 묘소도 명당에 해당하며, 3남인 단하의 묘소는 비명당, 2남인 신하의 묘소도 비명당으로 중자에 해당했다. 이상 능안과 택풍당에 있는 묘소의 사진 [그림 34]와 [그림 35]로부터 판정한 묘소의 발복 유형과 형상을 분류하면 <표 10>과 같다.

<표 10> 덕수이씨 이식 가계의 발복유형과 묘소형상

묘소 명	명당	발복유형	묘소형상 분류
이의무	명당	중자	Ca2
이행	비명당	중자	Ca2
이원상	명당	중자	Ca2
이섭	명당	장자	Ba3
이안성	명당	중자	Ca2
이식	명당	말자	Ab2
이신하	비명당	중자	
이단하	비명당	중자	Ca3

[그림 34] 택풍당에 있는 덕수이씨 가문 묘소들

(a) 이식의 증조부 묘   (b) 이식의 조부 묘

(c) 이식의 부모 묘   (d) 이식 본인 묘

[그림 35] 덕수이씨 택당 이식 가문 묘소들

"승상께서는 이식 가문의 뛰어난 명당에 대해서 어떻게 생각하십니까?"

"택풍당의 영역 안에 명당이 3개나 있다니 놀라울 따름이오. 이런 경우는 사람의 뜻이 하늘에 닿지 않는 한 있을 수 있는 일이 아닌가 싶어요."

"조선에는 한 골짜기에 여러 개의 명당이 모여 있는 곳이 많은가요?"

"여기 말고도 경기도 여주의 안동김씨, 경기도 남양주 덕소의 안동김씨, 경기도 대구서씨, 충청북도 진천의 경주이씨 등등의 여러 곳에서 발견된다네."

"조선은 복 받은 땅이군요. 명당이 이렇게 많으니."

"그렇게 되는 건가?"

"어째서 이렇게 한 집안에만 명당을 몰아주지요?"

"품성을 갖춘 가문에게 나라를 위해서 모든 것을 바치라는 하늘의 뜻이 아닐까요."

✱ 대제학 택당(澤堂) 이식(李植) ✱

택당 이식(1584~1647)은 조선 중기 인조 때의 문신이며, 호는 택당(澤堂)이다. 1610년(광해군 2) 문과에 급제하여 7년 뒤 선전관이 되었으나 폐모론(廢母論)이 일어나자 벼슬을 버리고 낙향하여 택풍당(澤風堂, 양평군 향토유적 제16호)을 지어 학문에만 전념했다. 낙향하여 은거한 후 수차례에 걸친 왕의 출사(出仕) 명을 계속 거부하여 1621년(광해군 13)에는 왕명을 어겼다 하여 구속되기도 했다. 1623년 인조반정 후 이조좌랑·예조참의·동승부지·우참찬 등을 역임했다. 이듬해 대사간·대사성·좌부승지 등을 지냈으며, 1633년 부제학을 거쳐 대제학과 예조참판·이조참판을 역임했다. 1642년(인조 20) 김상헌(金尙憲) 등과 함께 척화(斥和)를 주장하여 심양(瀋陽)으로 잡혀갔다가 돌아올 때 다시 의주(義州)에서 구치(拘置)되었으나 탈주하여 돌아왔다. 이후 대제학·예조판서 등을 역임하고, 1647년(인조 25) 택풍당에서 세상을 떠났다. 장유(張維)와 더불어 당대의 이름난 학자로서 한문4대가(漢文四大家)의 한 사람으로 꼽힌다. <선조실록(宣祖實錄)>의 수정을 맡아 정리했다. 시호는 문정(文靖)이고, 저서로는 <택당집(澤堂集)>, <초학자훈증집(初學字訓增輯)> 등이 있다.

✻ 대제학 외재(畏齋) 이단하(李端夏) ✻

이단하[1625(인조 3)∼1689(숙종 15)]는 조선 후기의 문신으로, 호는 외재(畏齋)·송간(松磵)이다. 섭(涉)의 증손이고, 찰방 안성(安性)의 손자이다. 아버지는 판서 식(植)이며, 어머니는 심엄(沈掩)의 딸이다. 선조의 덕으로 공조좌랑으로 재직하다가 1662년(현종 3) 증광문과에 을과로 급제한 후, 정언·부교리·용안현감·헌납 등을 역임했다. 북평사로 있을 때 감사 민정중(閔鼎重)과 함께 임진왜란 때의 의병장 정문부(鄭文孚)의 사적(史蹟)을 조사해 조정에 알려 관직을 추증시켰다. 또한 사당을 세워 충렬사(忠烈祠)라는 사액을 내리게 했다. 부교리로 있을 때는 귀양 중인 대신들을 속히 사면할 것을 주청하기도 했다. 1669년 이조정랑이 되어 각 사(司) 노비의 공안(貢案)을 정리할 것을 청하여 신공(身貢)을 반 필씩 줄이게 했다. 교리·응교·사간·사인·이조참의 등을 역임하고, 1674년 대사성으로 대제학을 겸임했다. 숙종이 즉위한 뒤, 의례제신(議禮諸臣) 처벌의 부당성을 상소하다가 파직되어 이듬해 사직당했다. 1680년(숙종 6) 경신대출척으로 풀려난 후, 이듬해 홍문관제학이 되어 <현종개수실록> 편찬에 참여했다. 1682년 대사헌으로 각 능 기신(忌辰) 제사에 올리는 유과(油果) 및 과일 위를 덮는 채색 꽃을 줄여 제사비용을 줄이도록 했다. 1684년 예조판서가 되어 <사창절목(社倉節目)>과 <선묘보감(宣廟寶鑑)>을 지어 올렸다. 1686년 우의정이 되어 사창 설치의 다섯 가지 이익을 건의했다. 그리고 죽을 죄인에게 삼복(三覆: 三審制)을 실시할 것을 청했다. 이듬해 좌의정에 올랐으나 병으로 사직하고, 행판돈녕부사로 있다가 세상을 떠났다. 송시열의 문하에서 자라나 조선 후기 경학을 대표할 만한 학자이다. 용안(龍安)

에 영당이 있다. 저서로는 문집인 <외재집>과 편서로 <북관지(北關誌)>가 있으며, 시호는 문충(文忠)이다.

✱ 이단하의 증조부 섭의 후손과 묘소 ✱

이섭의 증손자들은 대제학과 좌의정을 지낸 단하를 비롯하여 홍문관 수찬, 예비시정과 같은 관직에 진출했다. 3명의 증손자와 6명의 4대손을 두어 3대와 4대 후손 수는 겨우 9명밖에 되지 않는다. 하지만 3~4대 후손 증가율은 2.0배나 된다. 이섭의 묘소는 경기도 양평군 양동면 쌍학리 284-2에 위치하고 있는데 [그림 34]는 이단하를 비롯한 택당 가문의 묘소를 보여준다. 이곳에는 이섭을 비롯하여 그의 아들 안성, 손자 식, 증손자 단하 등의 묘가 있다.

이섭의 묘소에서 눈에 띄는 것은 정면에 있는 공제선 위의 대제학 산인데, 가장 높은 곳에 위치하여 쉽게 찾을 수 있다. 오른쪽에 영상사로 보이는 산형이 존재하며, 기타 다른 곳에서는 작은 규모의 타원호 형상의 산들이 발견된다.

4. 안동김씨 김상헌 가문

19세기 세도정치의 주역이었던 안동김씨는 정확히 말해 신(新) 안동김씨 '선원파'와 '청음파'를 말한다. 선원파는 선원 김상용의 후손이며, 청음파는 청음 김상헌의 후손이다. 그들은 인왕산과 경복궁 사이의 장의동에 주로 살았으므로 '장동김씨'라고도 부른다. 그런데 김상헌에게는 자식이 없어서 형인 상관의 아들 광찬을 양자로 들여

대를 이어갔으므로 엄밀하게는 청음파는 김상관의 후손인 셈이다. 신안동김씨는 세도가문이 되기 이전에도 200여 년에 걸친 명성을 자랑하고 있었다. 강직한 왕인 정조는 안동김씨의 절개, 충절, 학문과 문장을 높이 평가하여 <일득록>(정조의 언행을 기록한 책)에서 이 가문을 다음과 같이 평가했다.

'상헌의 학문과 절개는 우리나라뿐만 아니라 청나라 사람들도 공경했으니 문장은 오히려 부차적이다. (상용·상헌) 형제의 절개는 고금에 견줄 만한 사람이 없다. 수항은 할아버지 상헌에게 부끄럽지 않았고, 수흥은 동생 수항에게 부끄럽지 않았다. 창집은 충절을 다했고, 창협과 창흡은 학문과 문장으로 뛰어났으며, 창업·창즙·창립이 모두 명성을 날렸으니 참으로 드문 명문가이다.'

장동은 정치와 문화적 이상을 실현하는 본거지였고, 남양주시 와부읍 석실은 강학과 수학의 도량이었다.

✤ 김번 묘소와 가계 ✤

조선 후기의 세도가인 안동김씨의 묘소들이 모여 있는 석실마을에는 우리나라에서 8대 명당의 하나라는 풍수 호사가들의 평을 받는 '옥호저수형'의 명당자리가 있다. 이 병마개 중심에 조선 중기의 문신인 안동김씨 김번(1479~1544)의 묘소가 있다.

김번의 묘소는 많은 풍수가들이 조선 팔대 명당 중의 하나로 꼽는다. 그런데 이 말에는 여러 종류의 의문이 생긴다. 먼저 어떤 기준에서 명당으로 평가하는가에 있다. 명당이 부귀손의 기준에서 평가되는 것이라면 그것이 개인에 대한 부귀손인지, 가문에 대한 부귀손인지, 지역사회를 위한 부귀손인지, 세계무대를 향한 국가와 민족을 위한 부귀손인지가 명확해야 할 것이다.

고관대작에 오른 후손이 출현했다 할지라도 간신으로 치부된 경우에는 가문의 영광이라기보다는 치욕이라 할 수 있다. 이런 경우에도 부귀손의 귀에 해당한다고 할 수 있을까? 일제 강점기의 을사5적이나 친일파 중에서 일본제국으로부터 높은 작위를 받은 분들이 반드시 귀하다고 평가될 수 있을까?

이어서 소개할 내용 중에 경주 최부자의 마지막 후손인 최준은 조선 최고의 부를 몽땅 잃은(정확하게 표현하면 기부한) 경우이다. 그는 선대로부터 물려받은 부(현재의 기준으로 제1위의 재벌)를 독립운동 자금으로 헌납하고, 일제 해방 후에는 대구대학(영남대 전신) 설립을 위하여 나머지 재산 모두를 쾌척한 사람이다. 그를 만든 그의 증조부모 묘소는 전 재산을 사라지게 하는 비명당, 아니 그야말로 흉당(가문의 기준으로 볼 때)에 해당하지만, 국가와 민족으로 볼 때는 존경의 최상위에 위치할 후손을 배출한 최고의 명당으로 평가하는 것이 지극히 당연하지 않을까?

그래서 이 책에서는 가문과 개인의 입장에서 부귀손을 이룬 증손 자녀 후손이 출현하는 묘소를 명당이라 정의했다. 귀와 부의 경우에도 존경을 받는 것에 대한 평가를 유보한 상태에서 평가했다. 즉, 오명을 쓴 귀(貴)와 오명을 쓴 부(富)도 부귀손(富貴孫)을 이룬 명당으로 평가하였음을 분명하게 밝힌다.

안동김씨는 조선시대에 6명의 대제학, 15명의 정승, 35명의 판서, 3명의 왕비를 배출한 가문이다. 풍수가들은 이와 같이 모든 귀한 후손을 배출한 묘소가 바로 김번의 묘소라고 평가하지만, 이는 이치에 맞지 않다. 이에 대한 자세한 이유는 2012년 출간한 <오묘한 지구>(2014년), <명당>(2014년)이라는 책에 기록되어 있다.

안동에서 서울로 진출한 김번의 외아들 생해는 성종의 아들 이침의 사위가 되어 왕실의 일원이 되었다. 생해가 왕가의 일원이 되는 바람에 그를 비롯한 그 후손들은 관직에 진출하는 데 유리했을 수도 있었다. 예를 들어 웬만하면 음직으로 꽤 높은 벼슬을 할 수도 있으며, 남들보다 못하지 않으면 특별한 자리에 발탁될 수도 있다. 생해는 4명의 아들을 두었는데, 3남인 극효가 좌의정을 지낸 정유길의 딸과 혼인하였으므로 이들의 후손들은 순풍에 돛을 단 셈이었다. 극효는 우의정 상용, 좌의정 상헌을 비롯한 5남을 두었다.

조조와 그 일행은 김번의 묘소에서 이 가문에 대한 토론을 하기 시작했다.

"승상께서는 두 번의 혼인으로 김번 가문이 중앙 무대에 연착륙했다고 보시는 겁니까?"

"혼맥은 과거에도 현재에도 중요하지요."

"그건 인정합니다. 요즈음도 재벌가의 혼맥, 재벌과 권력가, 재벌과 금융가의 혼맥 등이 회자되고 있습니다."

"대구서씨로 조선 중기의 문신인 서성(1558~1631)의 경우 네 명의 아들 중에서 3남인 경주가 선조임금의 부마가 되었는데, 경주의 증손자로부터 내리 9대에 걸쳐 대제학과 재상이 쏟아져 조선의 명문가로 자리매김했지요."

"엄청난 일이군요."

"꼭 그런 건 아니지만 가문의 음덕이 대단히 중요하다는 것은 틀림없는 사실이죠."

"유럽의 경우엔 귀족 출신들끼리, 왕가들끼리 결혼하는 혼맥도 있었습니다."

김번 가문의 가계도를 나타내면 [그림 36]과 같다. 김번과 생해, 그리고 극효의 묘소는 서로 인근에 위치하고 있었다. 모두 명당 묘소에 해당하였다. 김번은 외아들을 두었기 때문에 묘소로 장-중-말자를 평가하기 용이하지 않았다. 생해의 묘소는 당연히 중자 발복지에 해당하며, 극효의 묘소는 중자-말자 발복지에 해당했다.

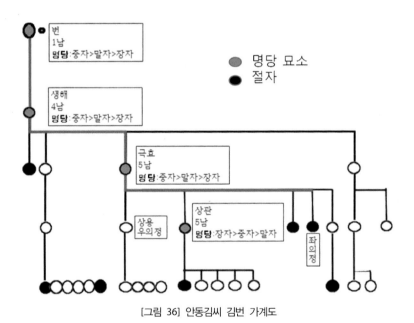

[그림 36] 안동김씨 김번 가계도

"극효의 묘소는 평가가 애매합니다."

"극효의 아들 5형제는 장남 우의정, 4남 좌의정인데 중자 말자 중에 어떤 발복지에 해당합니까?"

"벼슬만을 두고 이야기할 경우에는 4남인 김상헌이 좌의정으로 가장 높지만 절자(아들이 없음)가 되고 장단부사를 지낸 2남 김상관은 후손 수가 많기 때문에 후손 수와 관직 모두를 고려하면 중자>장자>말자 발복지라 하는 것이 좋겠습니다."

이런 토론의 결론에 따라 김번 가문의 발복유형과 묘소형상을 분류하여 정리하면 <표 11>과 같다.

<표 11> 김번 가계의 발복유형과 묘소형상

묘소 명	명당	발복유형	묘소형상 분류
김생해	명당	중자	Aa2
김극효	명당	중자	Aa3

�֍ 4대손 52명에 형제 정승 둔 김상관 가계 ✧

김상관(1566~1621)은 임진왜란 때 호조정랑으로 명나라 군대에 군량을 조달했던 조선 중기의 문신이다. 묘소는 남양주시 와부읍 율석리 831-7번지에 있으며, 정부인 의령남씨와의 합장묘이다. 율석리 입구에서 묘소가 있는 곳으로 가는 도중에 조조 일행은 주위의 산세로 인하여 매우 편안한 마음을 가질 수 있었다. 나지막한 주산과 안산, 멀리 보이는 외룡호들도 모두 그 모양이 순하고 부드러워 전통풍수의 이론에 의하면 성품이 순한 후손들이 주로 출현할 것임을 예측할 수 있다.

김상관의 가계도는 [그림 37]과 같다. 5명의 아들과 14명의 손자, 31명의 증손자, 52명의 4대손을 두어 후손 수가 매우 번성했다. 그의 증손자대에는 영의정을 지낸 창집과 그의 동생인 대제학 창협을 비롯한 6창이 있으며, 이들의 아버지는 영의정을 지낸 수항으로 그의 묘소는 명당에 해당하고 장자>중자>말자의 순으로 후손이 번성했다.

김수항의 형제는 7명이며 부친은 종2품 동지중추부사를 지낸 김광찬이다. 김광찬의 형제는 5명인데, 장남인 광혁이 좌승지를 지냈으나 절자되었고, 3남인 광업은 정3품 당상관 절충장군, 4남과 5남은 미관말직을 역임했다. 이들의 부친이 김상관인데 5형제 중에서 2남이 가장 뛰어난 명당에 해당한다. 김상관, 광찬, 수항 등의 묘소에서 광찬의 묘는 1998년에 현재의 위치로 이장했기 때문에 명당 여부를 평가할 수 없어서 광찬과 관련 있는 기록들을 추적해보았다.

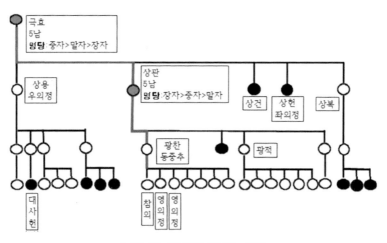

[그림 37] 안동김씨 김상관 가계도

김광찬의 첫 번째 부인은 선조의 계비인 인목왕후의 아버지인 김제남의 손녀이자 인목왕후의 질녀인 연안김씨이다. 연안김씨는 수증(참판), 수홍(영의정), 수항(영의정) 3형제와 5녀를 낳았다. 김제남은 인목대비의 아들인 영창대군을 왕으로 추대했다가 이이첨 등의 고변으로 죽임을 당했는데 이를 계축옥사라 한다.

"조선의 법은 이상합니다."

"무엇이 이상한가요?"

"죄를 지었으면 본인만 벌을 받으면 되지 않나요?"

"글쎄, 통치자의 입장을 이해하지 못하니……"

"장인이 역적이 되면 김광찬도 화를 당하지 않았나요?"

"당연히 화를 당하지요. 조선의 <경국대전>에는 양반이 이혼하기 위해서는 정부로부터 허가를 얻어야 하는데, 어떤 이유로도 불가능하지만 역적의 자식은 이혼을 허가해요. 장인이 역적이 되었으니 김광찬의 집안에서 가만 있지를 않죠. 그대로 있다가는 집안 전체에 화가 미치니까요. 그래서 역적의 자손이라 하여 연안김씨와 강제로 이혼시키고 새로 부인을 얻게 했죠."

새로운 부인에게서는 현감을 지낸 김수징을 비롯한 4남 1녀를 두었지만 이들은 현감이나 현령과 같은 하위직을 역임했다.

"광해군 시대가 끝나고 인조반정에 의해서 김제남이 복권되었는데, 김광찬에게는 변화가 없었을까요?"

"엄청난 변화가 있었죠. 김제남이 복권되자 그의 손녀인 김광찬의 첫 번째 부인도 정실부인으로 회복되었어요. 더불어 그의 아들 3형제와 5명의 딸들도 서자서녀에서 적자녀로 회복되었고요."

"두 번째 부인은 어떻게 되나요?"

"연안김씨의 복권은 김광찬의 두 번째 부인의 신분에 엄청난 변화를 가져다주었어요. <경국대전>에 따르면 조선의 사대부는 정실부인(본처)을 1명밖에 두지 못하고, 나머지는 아무리 정식 혼인 절차를 거쳐 혼인을 하여도 첩이 된다고 하였으므로, 연안김씨가 정처가 된 이상 나중에 결혼한 부인은 첩이 될 수밖에 없죠."

"그러면 두 번째 부인과의 사이에 태어난 4남 1녀의 신분은 어떻게 됩니까?"

"첩에게서 태어났으니 당연히 서자녀가 되죠. 그래서 그들은 양반의 특권인 사마시에 응시하여 진사나 생원이 될 수 없어요."

"그런데 안동김씨 족보에 의하면 서자로 전락한 수징은 현감, 수응은 진사, 수능은 문과에 급제했다고 하는데요?"

"자세한 내용은 알 수 없으나 당쟁에서 비롯된 슬픈 가족사로 봐야겠지요."

"그들의 후손 번성은 어떻게 될까요?"

"귀족사회인 조선에서 신분이 양반이 아닌데 후손 번성을 기대할 수 있나요?"

1633년에 연안김씨가 세상을 떠났을 때 장남이 10세, 차남이 8세, 막내 수항이 5세였다. 이들의 친조부는 김상관이었다. 하지만 광찬이 상헌에게로 양자를 갔기에 3명의 손자들은 상헌에게서 글을 배웠다. 그러다 상헌이 청나라의 수도 심양으로 끌려갔다. 이들 3형제와 스승과 친구관계를 맺었던 송시열, 송준길은 나중에 김수항의 아들인 창집과 창협의 스승이 되었다. 송시열이 기록한 수항의 묘지명에 이들 3형제가 상헌에게서 글을 배웠다는 기록을 확인할 수 있다.

"김광찬과 부인의 묘를 이장했기 때문에 현재 이장한 묘소의 명당 여부는 가문의 흥망과는 관련이 없겠지만, 이장을 하기 전의 묘소 상태는 추측이 가능할까요?"

"당연히 원래 묘소에 대한 평가는 불가능하죠. 하지만 족보를 잘 조사해보면 그들의 묘소가 명당이었는지는 확인 가능하겠죠."

"어떻게 그것이 가능한지요? 묘소가 없는데. 그것도 족보를 통해 확인 가능하다니요?"

"그럼 이제 족보를 통해 김광찬의 묘에 대한 조사를 해보세. 후손 번성이 기록되어 있는 족보에서 묘소의 명당 여부를 판단할 수 있어야 하니까."

"방법을 가르쳐주십시오."

"먼저 첫 번째 부인인 연안김씨의 후손 중에 증손자대에서 당상관 이상의 인물이 나왔는지를 확인하게. 최 박사의 논문에 의하면 경기도 지역에 있는 명당 묘소의 후손 중에는 증손자대에서 정3품 이상의 당상관이 항상 출현했다고 되어 있네."

"첫 번째 부인의 증손자대에서는 판서 1인과 정3품 부승지 그리고 숙종의 후궁인 정1품인 빈이 출현했습니다."

"그렇다면 연안김씨의 묘가 명당이거나 김광찬의 묘가 명당일 테죠."

"두 번째 부인의 후손은 어떤가요?"

"당상관 이상의 고위직 후손이 전혀 없습니다."

"김광찬의 묘와 두 번째 부인의 묘는 명당이 아니니까."

"그렇다면 결론이 어떻게 되지요?"

"첫째 부인인 연안김씨의 묘소가 명당이겠네요."

"놀랍습니다."

"연안김씨의 세 아들의 관직은?"

"장자는 참판(종2품), 중자는 영의정(정1품), 말자는 영의정(정1품)입니다."

"장-중-말자 중에서 어떤 순서인가?"

"중자와 말자가 같고 장자가 약간 낮습니다."

"중자와 말자가 걸어온 길을 다시 분석해보세요."

"중자는 사마시 1등, 문과급제, 대사간, 도승지, 호조판서, 좌의정, 영의정을 지냈고, 말자는 진사시 장원, 알성문과 장원, 증시 을과 장원, 사가독서당(호당), 이조정랑, 도승지, 대제학, 이조판서, 우의정, 좌의정, 영의정을 지냈습니다."

"어느 쪽이 나을까?"

"우열을 가리기 어려운데요."

"사가독서당(호당)을 거쳤다는 것은 차세대 인제양성소를 거친 것을 의미하며, 대제학은 학문의 으뜸이자 존경받는 사람을 의미하지요. 이런 점에서 말자인 수항이 한 발 앞에 있다고 볼 수 있어요."

어쨌든 수흥과 수항은 우열을 가릴 수 없을 정도로 대단한 사람들이지만 수항이 엘리트 과정을 거친 것은 확실했다.

"두 사람의 자손들을 살펴보세요."

"먼저 수흥의 후손은?"

"수흥은 안악군수를 지낸 창열과 음직으로 서윤을 지낸 정겸을 비롯한 4형제가 모두입니다."

"수항의 후손은?"

"6명의 아들이 있는데 장남이 영의정, 차남이 대제학을 지냈고, 손자는 공조판서를 지낸 용겸을 비롯한 12명이 있습니다."

"수항의 후손이 월등히 번성하였군요."

이로서 김광찬의 부인 연안김씨의 묘는 명당이며 말자 발복지라 할 수 있는데, 이장으로 인하여 그 실체를 알 수 없는 것이 안타까울 뿐이었다.

김상관의 묘소로부터 수항의 묘소에 이르기까지 묘소의 발복 유형과 형상을 분류하여 정리하면 <표 12>와 같다.

<표 12> 김상관 가계의 발복유형과 묘소형상

묘소 명	명당	발복유형	묘소형상 분류
김상관	명당	2남/5남	Aa3
김광찬 부인	명당	말자	
김수항	명당	장자	Ba1

✳ 기사환국 멸문 위기 이겨낸 김창집 가계 ✳

김창집과 그의 장자손인 제겸, 성행, 이장의 묘소는 경기도 여주군 대신면 초현리 144-3 새재마을의 한 능선에 위로부터 차례로 정렬되어 있다. 마을 입구에 있는 향나무 보호수를 지나 능선을 따라 위로 올라가면 잘 조성된 이 가문의 묘소를 차례로 만나게 된다. 제일 위쪽에 위치한 김창집의 묘소 뒤쪽으로 주산이 우뚝 솟아 있고, 좌우가 이 묘소들을 잘 감싸 안은 형태를 이루고 있다. 정면 멀리로는 이 부근의 어디에서나 관찰되는 추읍산이 그 뛰어난 자태를 자랑하고 있다. 그런데 유독 제일 위쪽에 있는 김창집의 묘소에서는 추읍산이 보이질 않는다. 그래서인가, 김창집의 증손자 중에서는 대제학이 출현하지 않았다. 아래에 있는 묘소인 아들 제겸의 묘소나 증손자인 이장의 묘소에서는 좌우대칭의 삼각형 형태의 추읍산이 하늘 높이 솟아 있다. 공제선 위에 있는 좌우대칭 삼각형 산이 대제학의 출현을 의미한다고 했는데, 실제로 제겸의 증손자인 조순, 이장의 증손자인 병학은 각각 대제학을 지냈다. 묘소들이 있는 정면은 넓은 들판이 있는데, 묘소가 이 들판을 모두 감싸 안은 듯하고, 주위에 있는 산들이 대부분 순하고 반듯하며 그 높이가 낮아 후손들이 이 산들을 닮았다면 모두가 유순했을까.

인현왕후와 장희빈 간의 대립은 숙종이 당쟁을 이용하여 왕권을 강화하던 시기에 겉으로 드러난 현상으로 볼 수도 있다. 인현왕후 민씨의 폐위와 희빈장씨의 왕후 승격은 서인의 추락을 의미했다. 1689년(숙종 15)에 일어난 기사환국은 수흥과 수항을 비롯한 서인들의 수난을 가져왔다. 많은 사람들이 죽거나 귀양을 갔다. 영의정이던 60세 나이의 수항은 사약을 받았으며, 이듬해에는 그의 형 수흥도 유배지에서 별세했다. 김상용과 상헌 형제가 고초를 겪은 이래로 두 번째 닥친 안동김씨 가문의 시련이었다. 장남인 수증은 47세에 공조참판을 끝으로 강원도 춘천 부근의 곡운구곡으로 은거했다.

김수항은 죽음을 앞두고 자식들에게 유훈을 남겼다. '충절과 문한가(文翰家)로서 전통을 계승하되, 과거와 사한(史翰)을 자제하라.' 당파 싸움에 휘말려 귀양과 사약으로 종결되었던 자신의 고단한 삶을 생각하며 남긴 유훈이었다.

김창집을 비롯한 그의 여섯 아들은 장남인 김창집을 제외하고는 모두 부친의 유훈을 따랐다. 김창집은 부친의 유훈에도 불구하고 서인 계열인 노론의 영수가 되었다. 희빈장씨가 빈으로 강등되고 인현왕후가 왕후로 복권된 갑술환국 때 수항을 비롯한 노론의 거두들이 복권되었으며, 남인들 130여명이 사형, 유배, 삭탈관직을 당했다. 이때 백운산에 은거하고 있던 김창집은 대사간, 승지의 자리를 거절하고 철원부사, 예조참판을 거쳐 영의정에 올랐다. 승승장구하던 김창집은 75세 때에 신임사화를 당하면서 아들 제겸, 손자 성행, 탄행 등과 함께 3대가 유배되어 죽임을 당하는 화를 입었다. 그가 살던 집을 부수고 그 자리에 연못을 만드는 파가저택(破家瀦宅) 처분을 받았다. 영조가 즉위한 뒤 다시 신원이 회복되었고 복작되었지만 이 사건은 안동김씨 가문에서 발생한 가장 참혹한 사건이었다.

[그림 17]은 파란만장한 김창집의 가계를 나타낸 것이다. 김창집에게는 두 아들이 있었으나 차남은 절자되고 장자의 후손만 가계를 계승했다. 아들 2명, 손자 6명, 증손자 15명, 4대손 25명 등 많은 후손을 두었으며, 증손자대에는 좌의정 이소와 예조판서 이도 형제처럼 고위 관직에 진출한 경우도 있다. 그래서 김창집의 묘소는 명당에 해당하며, 특히 장자 발복지에 해당했다.

장자인 김제겸의 묘소도 명당에 해당했는데, 6명의 아들 중에서 3남인 원행이 참의를 지냈고, 5남 김행이 2품인 중추부사를 지내 중자 발복지에 해당했다. 탄행은 3명의 아들을 두었는데 장남이 좌의정을 지냈으며, 장자 발복지에 해당했다. <표 13> 참고.

김제겸의 여섯 아들 중에서 장남인 성행과 4남인 달행의 묘소를 직접 탐사했다. 성행은 신임사화 때 죽임을 당하였기에 독자인 이장을 두었다.

<표 13> 김창집 가계의 발복유형과 묘소형상

묘소 명	명당	발복유형	묘소형상 분류
김창집	명당	장자	Ba2
김제겸	명당	중자	Da1
김성행		장자	Aa1
김이장	명당	중자	Ca2

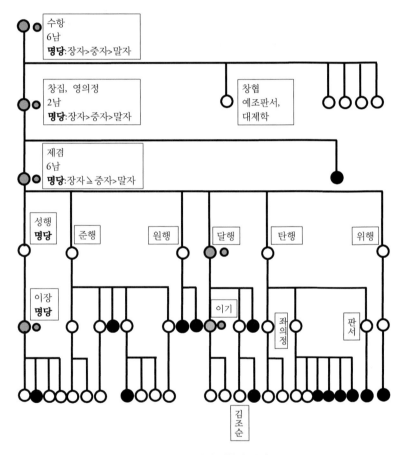

수항
6남
명당:장자>중자>말자

창집, 영의정
2남
명당:장자>중자>말자

창협
예조판서,
대제학

제겸
6남
명당:장자≧중자>말자

성행
명당

준행

원행

달행

탄행

위행

이장
명당

이기

좌의정

판서

김조순

[그림 38] 안동김씨 김창집 가계도

✤ 세도정치의 정점 김달행 가계 ✤

김수항의 증손자인 달행은 조부 창집과 부친 제겸 및 형제 성행과
탄행이 신임사화에서 한꺼번에 죽임을 당한 아픔을 지닌 집안의 구
성원으로 일생을 칩거하며 살았다. 족보에 천문지리가로 소개되어
있어 평생을 어떻게 살았는지를 짐작할 수 있다. [그림 39]는 달행의

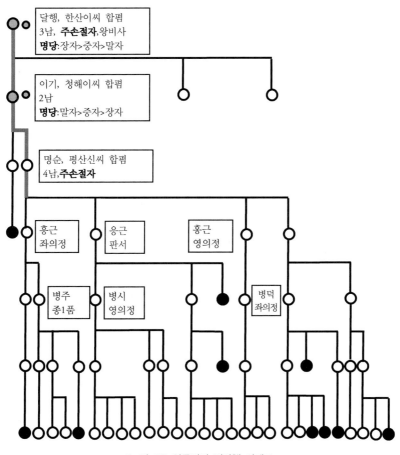

[그림 39] 안동김씨 김달행 가계도

가계도다. 그는 3명의 아들을 두었다. 장남 이기는 광주목사를 지냈고 그 아들은 참판과 참의를 지냈으며, 차남인 명순은 이조참판을 지냈고 그 아들은 4명으로 장남 좌의정 홍근, 차남 판서 응근, 3남 영의정 흥근, 4남 부사 이근 등이다. 이로 미루어 김달행의 묘소는 장자 발복지이며, 이기의 묘소는 말자 발복지이고, 명순은 중자에 해당할 것으로 보이지만, 김달행과 이기의 묘소만 탐사했다.

김달행과 이기의 묘소는 여주시 개군면 향리 개군 저수지 주변에 있다. 김달행의 묘소는 개군 저수지를 정면에 둔 형상인데, 전면이 탁 트이고 사방이 잘 감싸 안은 형태로 그의 부친인 김제겸의 묘소 주위와 거의 유사하다. 남양주의 석실마을 주변에 있는 선조의 묘소들과는 달리 주변이 잘 정돈되어 있고, 묘소 앞이 트여 있으면서 사신사가 잘 감싸 안은 형태를 이루고 있다. 이러한 형태의 묘소에서는 무엇보다도 안온한 느낌을 가질 수 있고, 주변의 산 형태가 부드러운 곡선 형태이면서 대체로 그 높이가 낮아 전통풍수 이론대로 출현한 후손들이 자신을 낮추고 성품마저 온화하였을 것이다.

김달행의 묘소는 정면에 큰 저수지가 있고, 그 건너편에 전통풍수에서 언급되는 여성의 눈썹을 닮은 아미산이 있어 아름다운 왕비가 출현했다고 유비는 주장했다.

김달행의 3남 중 중자는 서흥부사를 지낸 이중으로 조선 말에 안동김씨의 세도정치를 시작한 조순의 부친이다. 정조의 사랑을 받은 조순은 대제학을 지냈으며, 그의 딸은 정조의 아들인 순조의 비가 되었고, 그는 영안부원군이 되었다. 조순의 세 아들 중에서 말자인 좌근은 영의정, 중자인 원근은 이조참의, 장남인 유근은 정3품 판결사를 지냈다. 원근의 세 아들은 판서, 승지, 부사를 지냈으나 좌근과 유근은 절자 또는 적자가 없었다. 또한 달행의 3자도 절자되었다. 이로부터 달행의 묘소는 장자 발복지, 이중의 묘소는 장자 발복지, 조순은 중자에 해당하고, 원근은 장자에 해당할 것이다. 이상의 김달행-조순 가계에 대한 묘소의 발복유형과 묘소의 형상을 정리하면 <표 14>와 같다.

<표 14> 안동김씨 김달행 가계의 발복유형과 묘소형상

묘소 명	명당	발복유형	묘소형상 분류
김달행	명당	장자	Ba2
김이중	명당	장자	Ba3
김조순		중자	Aa2
김원근		장자	

국사시간에 강조되는 조선 후기의 안동김씨 세도정치는 많은 폐해를 가져다 준 것이 사실이었다. 그렇다고 해서 세도정치의 시작인 김조순마저 나쁜 평가를 받는 것은 온당치 않아 보인다. 그의 올곧은 선비정신만은 높이 평가해야 할 것이다. 김조순이 태어난 것은 증조부인 김제겸의 묘소에서 찾아낼 수 있는데, 바로 추읍산이 대제학을 탄생시킨 대제학 산에 해당한다. 김조순은 조선에 혁신을 몰고 온 정조 시대에 전성기를 누렸다. 정약용을 비롯한 젊은 학자들을 중용하고 새로운 문물을 받아들이는 데 그 중심에 있던 인물이 김조순이었다. 정조가 아끼는 신하였다. 정조가 죽은 후 다시 노론 정권으로 회귀되면서 위기를 맞지만 노론의 벽파가 일으킨 폭풍이 잠시 가라앉는 순간에 정권을 휘어잡았다.

세도정치는 처음엔 '세상을 바르게 다스리는 정치'라는 의미로 시작되었다. 그러나 김조순이 죽고 난 후에는 '세상을 힘으로 다스리는 정치'로 변질되었다.

"김조순은 선대 3대가 수난을 당한 사건으로부터 많은 시간이 흐르고, 가문이 복권되고 난 후에 태어나 올바른 선비교육을 받지 않았나요?"

"김조순은 덕소가 아니고 한양에서 태어나 아버지 김이장의 친구 이시문과 김홍운에게서 글과 시를 배웠고, 조선 말의 선각자인 연암 박지원과도 가까웠다네."

"김조순이 어떻게 정조와 가까워졌나요?"

"김조순은 정조의 아버지인 사도세자의 죽음을 동정하는 입장인 노론의 시파에 속해 있었고, 노론의 중심인 안동김씨의 핵심이라는 점에서 그의 도움을 정조가 필요했기 때문이라는 설이 있지."

"정조와 김조순은 어느 정도로 가까웠습니까?"

"김조순의 초명은 김낙순이었는데 정조가 김조순으로 개명토록 했으며, '풍고'라는 호까지 내렸고, 지방관으로 파견하지 않아 항상 한양에 있도록 하고, 나중에는 아들인 순조의 비로 김조순의 딸을 낙점했지만 혼사가 성사되기 전에 정조가 승하하였네."

예측이 아닌 자연을 관찰하고 자연과 인간이 어떻게 일체가 되어 (synchronization) 현상으로 나타나는지를 자연을 중심으로, 사람을 중심으로 정리하여 기술한 이 비서는 아무것도 아닙니다. 모든 길은 이미 정해져 있어 프로스트가 노래했던 가지 않은 길은 애초에 없었습니다.

유전학자들이 이야기하는 모계 유전, 부계 유전, 2대 현상, 3대 현상은 애초에 맞지 않습니다. 당신의 길은 2분의 부모님, 4분의 조부모님, 8분의 증조부모님, 16분의 고조부모님으로부터 받은 것입니다. 2012년에 10여 명의 동반들에게 8분의 증조부모에 대한 조사 자료를 의뢰한 적이 있었죠. 아뿔싸! 8분의 증조부모가 모두 조사된 가계가 1년 동안 겨우 52건밖에 안 되었습니다. 우리나라 그것도 반듯한 양반가를 대상으로 8분의 증조부모가 명확한 경우를 이 정도밖에 조사하지 못했다니 실망이 앞섰습니다. 그래서 조선 왕실로 대상을 바꾸었습니다. 그랬더니 더 큰 실망이 앞을 가로막았지요. 하늘이 우리의 길을 새롭게 인도함을 깨달았습니다. 내게 주어진, 정해진 길이 여기까지라는 것을 겨우 알게 되었지요.

그 우둔함이란.

8분의 증조부모님의 어떤 것을 받았기에 내가 가는 길이 정해져 있는 것일까? 이 의문은 꼬리에 꼬리를 무는 것이기도 하고 아무것도 아니기도 합니다. 종래에는 아무것도 없기에 아무것도 아닙니다.

효제

본명은 이문호(李文鎬), 호는 소찬(韶燦), 필명은 이석정(李碩檉)이다. 효제는 한자로 표기하지 않으며, 영어로는 Hyoje로 표기한다. 이 이름에 특별한 의미는 없으며, 단순한 호칭이다. 묘소과학, 음택풍수 역시 특별한 의미는 없다.

2002년부터 풍수에 관한 책을 저술해 왔다. 2005년에 양택풍수를 주제로『좋은 집이 우리를 건강하게 만든다』라는 책을 출간하였고, 2003년부터 2017년까지 영남대학교 교양과목 '주거환경과 건강'의 교재로 사용되었다. 2012년부터 본격적으로 음택풍수서를 집필하였는데, 엄밀히 말하면 묘소과학 또는 묘소구조에 관한 내용을 다루고 있다. 주로 묘소의 구조와 지하수의 분포에 관한 탐사(exploration) 결과를 자세히 설명하고, 묘소의 구조/형상과 후손의 출현 간의 상관성을 밝힌다. 가장 흥미로운 것은 상관성을 유의확률 5%로 분석한 것인데, 이것은 도출된 결과나 결론이 틀릴 확률이 5% 이하라는 의미이므로, 상당히 심각한 메시지를 던진다.

이 책『명당 음택풍수론』은 그동안의 연구 결과들을 집대성한 것으로, 비록 여기에 기술된 내용이 전부는 아니지만, 중요한 대목은 모두 짚어내었다.

명당 음택풍수론(明堂 陰宅風水論)

초판인쇄 2018년 1월 26일
초판발행 2018년 1월 26일

지은이 효제
펴낸이 채종준
펴낸곳 한국학술정보㈜
주소 경기도 파주시 회동길 230(문발동)
전화 031) 908-3181(대표)
팩스 031) 908-3189
홈페이지 http://ebook.kstudy.com
전자우편 출판사업부 publish@kstudy.com
등록 제일산-115호(2000. 6. 19)

ISBN 978-89-268-8233-7 93150